[추천의 말]

이 책이 우리의 희망을
키워 주길 바라며

　햇살 좋은 어느 가을날이었습니다. 제가 근무하는 울산과학대에 대여섯 살 정도 되어 보이는 유치원 아이들이 견학을 왔습니다. 우리 학교 유아교육과와 무슨 관련이 있는지는 몰라도 간혹 유치원 아이들이 단체로 학교에 오는 경우가 있거든요.
　그날 제가 남자 화장실을 청소하고 있을 때였어요. 마침 한 사내아이가 오줌을 누러 들어왔습니다. 어른 소변기가 너무 높아서 제가 뒤에서 들어 올려 주었지요. 그랬더니 아이가 "할머니, 할머니는 공부 안 했어요?"라고 물었습니다. "아니, 할머니 공부 많이 했어."라고 대답해 주었지요. 고개를 갸우뚱하며 화장실을 나간 아이가 금세 다시 들어와 이렇게 물었습니다. "할머니, 그럼 할머니는 공부하기 싫었어요?" 그래서 제가 "할머니 공부 많이 했다니까."라고 말했더니 "어, 아닌데……." 또 고개를 갸우뚱거리며 화장실을 나가더군요.
　휴게실에 돌아와서 이 일을 얘기하며 동료들과 한참을 웃었습니다. 그렇다고 씁쓸하거나 서글픈 웃음은 아니었습니다. 그러기에는 우리가 이 세상을 너무나 잘 알고 있고, 또 그런 만큼 당당하게 살아가고 있으니까요. 중요한 것은 적어도 그 아이처럼 물어본 적도 없으면서, 우리를 공부 안 해서 청소나 하는 투명인간 취급하고, 비정규직이라는 굴레까지 만들어 덮어씌우는 세상의 수많은 어른들보다 그 아이가 우리에게는 희망적이라는 사실입니다. 그래서 이 책이 소중합니다. 우리의 희망이 마음껏 자라날 수 있게, 꿈꿀 수 있게 도와줄 테니까요.
　우리의 삶과 노동, 비정규직에 대해 아주 사실적으로 묘사한 이야기들을 보며

  오히려 아이들이 현실에 대해 실망하지는 않을까 하는 생각도 잠시 잠깐 들었습니다. 하지만 무거운 현실을 재치 있고 명쾌하게 전하는 작가 선생님들의 노력이 이런 쓸데없는 걱정을 날려 주었습니다. 이 책을 통해, 여러분 곁에 존재하지만 미처 느끼지 못했던 크고 작은 삶의 모습이 한 걸음 가까이 다가올 거라 믿습니다.

  독자 여러분, 일상생활에 꼭 필요하고 누군가는 반드시 해야 하는 청소 노동도 우리가 사는 이 세상을 이루는 한 부분임을 잊지 말아요. 작게만 보일지라도 세상을 이루어 가고 바꿔 가는 모든 것은 작은 데에서부터 시작된답니다. 따뜻한 마음으로, 크게 열린 눈과 귀로, 세상을 바라봐 주세요.

울산과학대 비정규직 청소 노동자
김순자

[머리말]

우리는 정말 괜찮은 걸까요?

맑은 하늘에 느닷없이 먹구름이 몰려들더니 비가 쏟아집니다. 비를 피해 우왕좌왕 뛰어다니던 사람들은 가게가 보이면 얼른 들어가 우산을 고릅니다. 대부분 값싼 비닐우산을 찾습니다. 한 번 쓰고 버릴 셈인 거지요. 우산은 그렇게 구분해 고를 수가 있습니다. 두고두고 쓸 생각에 비싼 값을 치르고 사는 우산, 차 안에 놓고 내려도 아깝지 않을 비닐우산.

오래 쓸 우산은 튼튼한 우산대에 받침살에는 질긴 천을 씌웁니다. 그렇지만 비닐우산은 거센 바람이 불면 우산대가 휘어지고, 허술한 받침살에 씌운 비닐은 툭 하면 찢어집니다. 우산은 만들어질 때부터 사용 기한이 명확하게 정해지는 셈이지요.

우산처럼 사람이 만든 물건들은 사용 기한이 뚜렷합니다. 아예 '일회용'이라는 이름을 달고 세상에 나오는 것들도 많지요. 일회용 컵, 일회용 젓가락, 일회용 도시락…….

하지만, 언젠가부터 사람들은 물건뿐만 아니라 사람한테도 사용 기한을 정해 놓기 시작했습니다. 일하는 사람에게 언제까지 일할지 기간을 정해 주는 거예요. 어느 회사든 오래 일하는 사람, 일 년만 일하는 사람, 이 년만 일하는 사람 구분이 생겨났습니다. 사람은 우산처럼 오래 쓸 건지, 일회용으로 쓸 건지 사용 기한에 따라 태어나지 않는데 말이지요.

똑같은 자리에서 똑같이 일하고도 계약한 기한에 따라 대우가 다릅니다. 그러니까 회사를 운영하는 사람들은 오래 일할 사람에게는 더 많은 값을 치르고, 짧게

일할 사람에게는 적은 값을 치릅니다.

사람이 가게 진열대 위에 있는 물건처럼 사용 기한, 유통 기한, 가격 따위를 새긴 채 사갈 사람을 기다리는 꼴이 되어 버린 겁니다.

정말 그래도 될까? 이 궁금증 때문에 이 책이 만들어졌습니다.

사람들은 자랑스럽게 말합니다. 광활한 지구에서 유일하게 생각이란 걸 하고, 손을 움직여 도구를 이용하고, 새로운 것을 만들어 내서 다른 동물들은 감히 넘볼 수 없는 세상을 세운 '사람'이 얼마나 위대한가를 말이지요. 그런데 그토록 위대한 사람이 한낱 물건처럼 쓰이다 버려지고 있습니다.

정말 그래도 괜찮을까? 이 물음 때문에 이 책이 만들어졌습니다.

우리는 어려서부터 꼭 필요한 사람이 되어야 한다고 들어 왔습니다. 마치 물건처럼 유용하게 쓰여야 한다는 거지요. 청소를 깔끔하게 해내는 청소기처럼, 빨래를 깨끗하게 하는 세탁기처럼, 뭐든 잘 알아내는 컴퓨터처럼 말입니다. 그러면서 묻지 않습니다. 유용하게 쓰이는 게 즐거운지, 행복한지.

정말 그래야 하는 걸까? 이 의심 때문에 이 책이 만들어졌습니다.

그렇다고 해서 이 책에 문제의 정답이 실려 있는 건 아닙니다. 일 년 넘게 이 책을 만들려고 땀 흘린 사람들은 우리가 지금 어디로 가는지 더듬더듬 따라가 봤을 뿐입니다. 우리가 맞는 길을 가고 있는 것인지, 잘못된 길을 가고 있는 것인지 갸웃거리면서 말이지요.

어쩌면 우리가 찾아야 하는 정답은 "정말 괜찮은 걸까?" 묻는 질문 속에 이미 있는지 모릅니다. 그리고 더 많은 사람들이 "우리는 정말 괜찮은 걸까?" 물을수록 우리가 사는 세상은 좀 더 좋아질지 모릅니다. 그런 기대로 이 책이 세상에 나왔습니다.

끝으로 이 책은 화려한 조명도 없고, 우렁찬 박수도 받지 못하지만, 세상을 쌩쌩 돌려 주고 계신 분들 덕분에 만들어졌다는 걸 밝혀 둡니다. 그분들에게 머리 숙여 감사드립니다.

2012년 9월
책을 쓰고 그린 이들을 대신하여, 김해원

차례

추천의 말 2
머리말 4

- 101호 운동회가 열렸다! 9
- 102호 빨간 딱지 31
- 쉬어 가는 계단 해준이와 유정이의 요리 교실 48
- 201호 이모를 위한 마술피리 51
- 202호 브라보, 마이 패밀리 79
- 쉬어 가는 계단 꽤 쓸모 있는 용어 사전 102
- 301호 별스런 쫌스런 지구별 보고서 105
- 강대희네 일단, 걷고 나서 하이킥 129
- 옥탑방 미미 씨는 작업 중 147

동화 속, 동화 밖 세상 154
이 책을 만든 사람들을 소개합니다! 162

9월 1일 토요일 날씨

 어제잠잔시간   시   분   오늘일어난시간   시   분

우리 할머니는 간병인이다. 간병인은 병원에 가서 아픈 사람을 돌봐 주는 사람이란다. 그런데 할머니는 맨날 아프다고 하는데……. 쉬고 싶다고 하는데……. 할머니가 아프면 누가 돌봐 줄까?

9월 2일 일요일 날씨

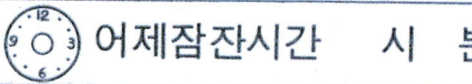 어제잠잔시간   시   분
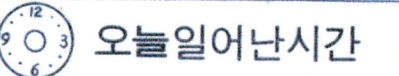 오늘일어난시간   시   분

할머니는 힘이 무척 세다. 할머니보다 훨씬 크고 무거운 사람을 잘 보살펴 주다가 그렇게 되었다고 한다. 할머니랑 같이 운동회에 가면, 분명히 줄다리기는 이기겠지? 빨리 운동회 날이 왔으면 좋겠다.

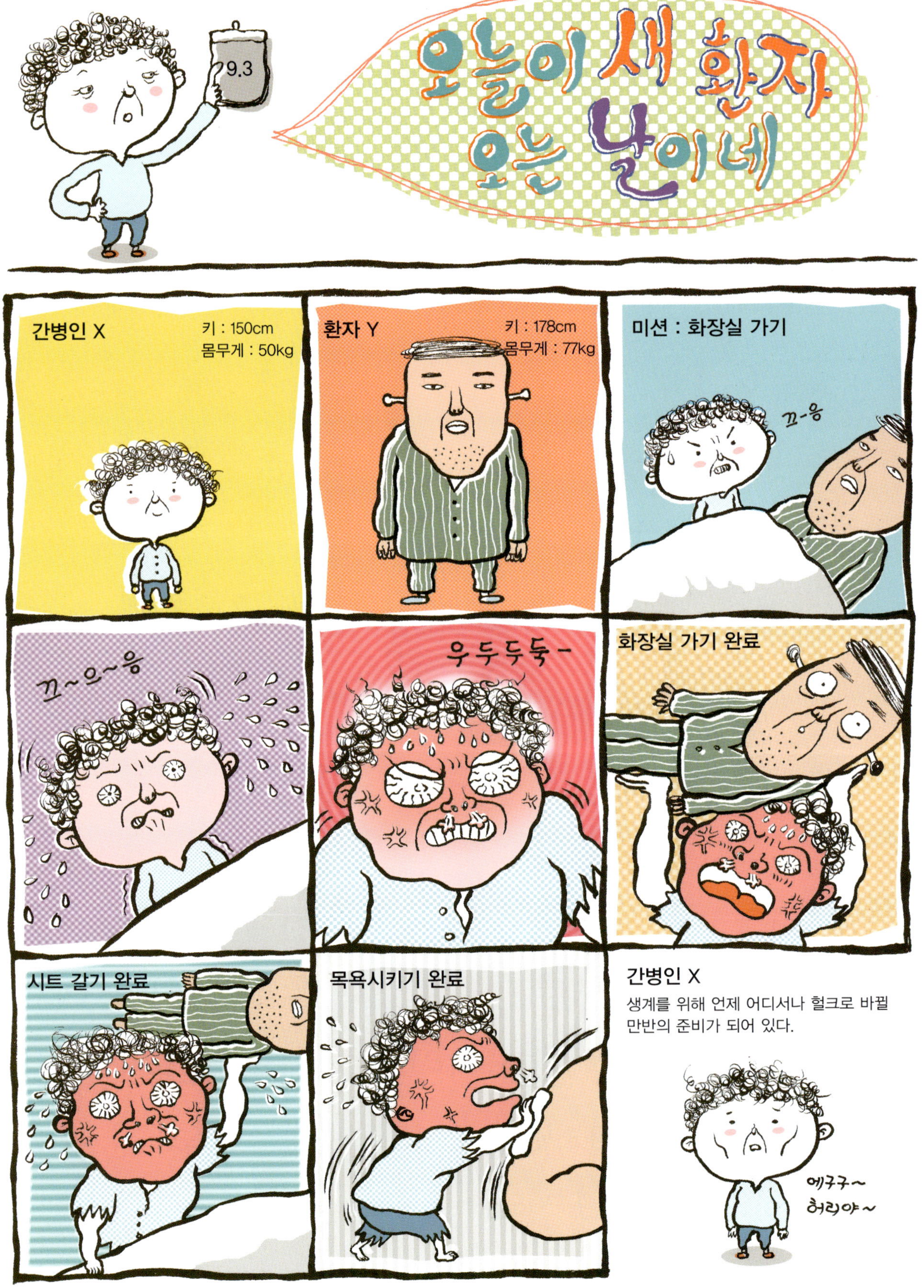

9월 3일 월요일 날씨

 어제잠잔시간   시   분   오늘일어난시간   시   분

이모는 방송 작가다. 방송 프로그램을 어떻게 만들지 의논하고 대본을 쓴다. 글이 잘 써지지 않으면 머리를 마구 쥐어뜯는다. 그러다 빡빡머리 되면 어쩌려고!

9월 4일 화요일 날씨

어제잠잔시간   시   분 | 오늘일어난시간   시   분

방송 작가는 사람을 많이 만나야 해서 친구를 잘 사귄다고 한다. 운동회 날에 이모가 오면 내 친구들과도 금세 친해지겠지?
운동회 날아, 빨리 와라!

놀라운 재주 내가 으뜸

오늘은 정말 대단한 분을 모셨습니다.
보통 사람은 하나도 갖기 힘든 별난 재주를
여러 개 갖고 계신 아주 특별한 분입니다.
이 모든 재주는 방송 작가로 일하면서 얻은 거라는데요,
올해로 방송 작가 경력 7년이라는 신주영 님을 소개합니다.

자면서 글 쓰기
걸핏하면 며칠씩 이어지는 밤샘 작업을 하다 보면 눈 감고도 못하는 일이 없다네.

인간 오뚝이
느닷없이 잘려도 슬퍼하거나 화내지 않고 참고 또 참기를 7년. 마침내 인간 오뚝이가 되다.

물만 먹고 버티기
일 없이 몇 달을 버티다 보면 이 정도쯤이야.

외줄타기
언제 잘릴지 모르는 불안 속에서 이대로 몇 년 더 일하면 한 발로도 가능할 듯.

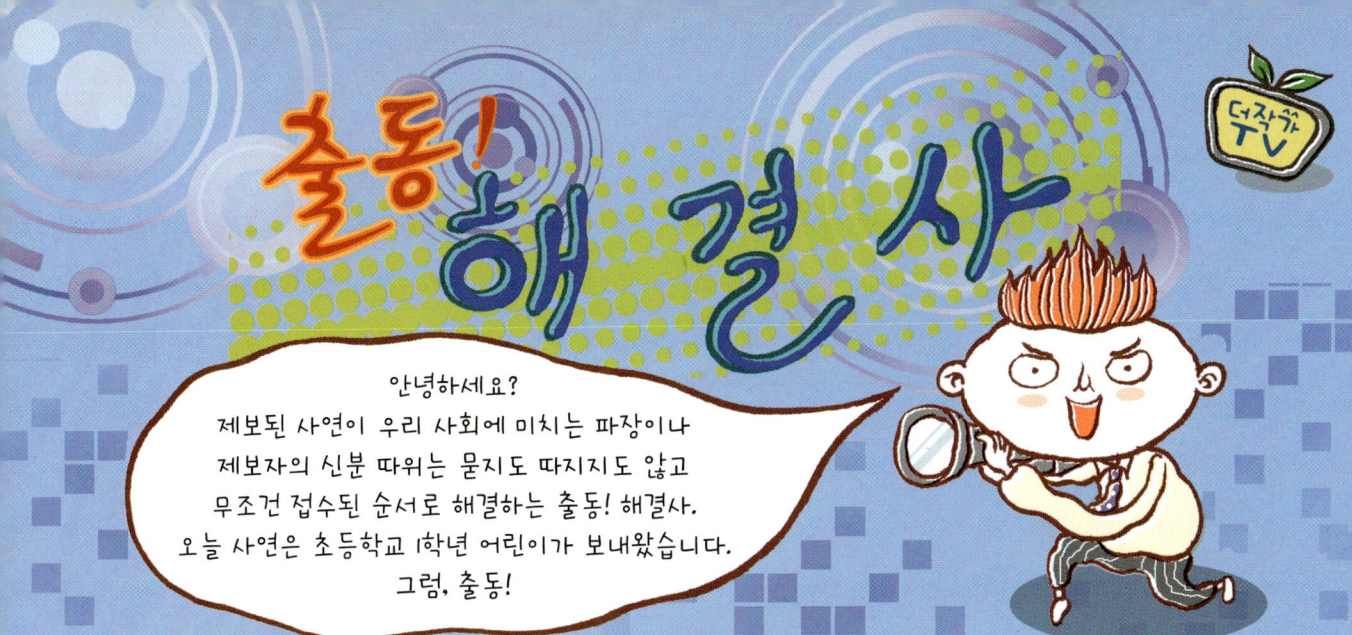

출동! 해결사

안녕하세요?
제보된 사연이 우리 사회에 미치는 파장이나 제보자의 신분 따위는 묻지도 따지지도 않고 무조건 접수된 순서로 해결하는 출동! 해결사. 오늘 사연은 초등학교 1학년 어린이가 보내왔습니다.
그럼, 출동!

우리 이모는 방송 작가예요.
그런데 인기 가수 사인을 받아 달라고 하면 안 된대요. 인기 가수를 만날 수가 없대요. 이모도 연예인은 텔레비전에서나 본대요. 글쎄, 방송국에 가지도 않는대요. 그게 말이 되나요? 방송 작가인데?

방송 작가라고 모두 방송국에서 일하지는 않아요. 저는 '잘나가프러덕션'과 일하고 있어요. 그 회사에서 프로그램을 만들어 방송국에 파는 거예요. 저는 방송국으로 출근하지 않고 제작사로 출근해요. 게다가 제가 맡은 일은 교양 프로그램이라서 여기저기 돌아다니며 취재하고, 조사하는 시간이 많아요. 프로그램 하나를 만들기 위해 수많은 사람을 만나지만 연예인 볼 기회는 별로 없답니다.

네, 이모가 왜 그러는지 아셨죠?
미션~ 해결!
그럼 다음 시간에 뵙겠습니다.

사건 제보 : 더작가TV 시사보도국 1234-5678, http://www.dja.co.kr

9월 5일 수요일 날씨	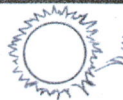  
어제잠잔시간　시　분	오늘일어난시간　시　분

※오늘의 착한일을 찾아 그려봅시다※

우리 엄마는 시간강사다. 대학에서 언니 오빠들을 가르친다. 그런데 대학생 언니 오빠들은 말을 잘 안 듣나 보다. 엄마가 매일 힘들다고 하는 걸 보니…….

9월 6일 목요일 날씨

| 어제잠잔시간 시 분 | 오늘일어난시간 시 분 |

엄마는 '예스맘'이다. 교수님들 부탁을 잘 들어주다 그렇게 되었다고 한다. 내 부탁도 잘 들어주는 엄마! 엄마랑 같이 가는 운동회는 신날 거다. 어서 내일이 오면 좋겠다.

교수가 되고 싶다고?

제 장래 희망은 교수입니다. 어떻게 하면 교수가 될 수 있나요?

음— 교수가 되려면 우선 공부를 열심히 해야 해요.

그런데 공부를 열심히 하려면 돈이 조금 필요해요. 초등학교, 중학교, 고등학교, 대학교, 대학원 등록금….

그리고 외국에서 박사 학위 정도는 받아야 해요. 그러면 간신히 대학에서 시간강사를 할 수 있어요.

시간강사에서 안 잘리고 정교수가 되려면 학교에 보탬이 되는 뭔가를 해야 해요.

이렇게 교수가 되면 이제부터는 걱정 없어요. 교수는 '철밥통'이니까요.

교수가 되기 전에 은행 먼저 털어야 할 것 같아.

쓰윽—

운동회가 열렸다.
할머니도, 엄마도, 이모도 오지 못했다.

"유정아, 씩씩하게 달려야 한다."

할머니가 말했다.
엄마가 말했다.
이모도 말했다.

앞으로 더 많은 시간을
함께하기 위해,
우리 가족이 좀 더
나아지기 위해,
나의 미래를 위해
씩씩하게 싸우러 간다고 했다.

나는
할머니가, 엄마가, 이모가
꼭 이겼으면 좋겠다.

그래서
혼자 가는 운동회가
이번이 마지막이었으면 좋겠다.

102호

빨간 딱지

이퐁이 쓰고 박종채가 그리다

으 퀴퀴한 냄새!
밖은 환한데 이 집은 왜 이리 컴컴해?
전에 살던 집이 백 배는 더 나았어.
여기도 짐, 저기도 짐.
고물상도 아니고 이게 뭐야.
방은 겨우 두 갠데 짐만 한가득이잖아.
발 디딜 틈도 없어.

더는 못 참아.
텔레비전에서 본 것처럼 빨간 딱지를 붙일 거야.
그러면 양복 입은 아저씨들이 나타나서
이 고물들을 몽땅 가져가겠지?
엄마 아빠도 어쩔 수 없을걸.

야, 너!
흔들의자 주제에 시끄럽게 삐걱대기만 하지.
덩치만 커다래서 거실을 다 차지하고 말이야.
어제도 너한테 걸려서 넘어질 뻔했다고.
너부터 내보낼 거야.

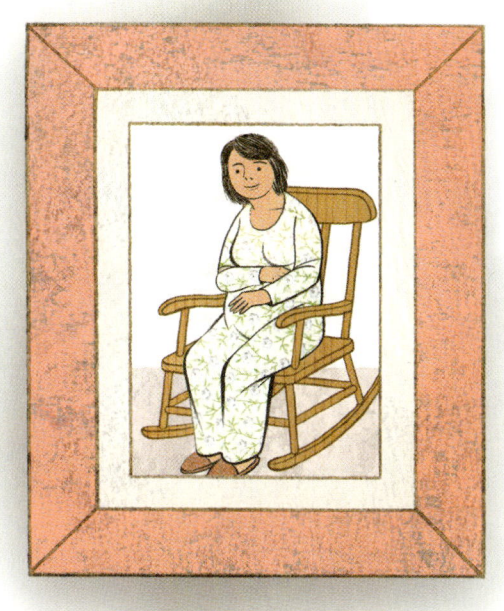

잠깐만!

해준아, 너 이제 좀 컸다고 나를 모른 척하기야?

난 네가 엄마 배 속에 있을 때부터 엄마랑 친구였다고.

엄마는 힘들 때마다 말없이 나에게 왔어.

어쩔 수 없이 회사를 그만두어야 했을 때도,

치킨집에서 다리가 퉁퉁 붓도록 일하고 돌아올 때도,

그렇게 애썼는데 치킨집마저 망해서 문을 닫던 날에도,

결국 살아 보지도 못한 아파트를 팔고 이리로 이사 오던 날에도.

나랑 있으면 왠지 모르게 마음이 편안해진다고 그랬어.

그렇게라도 내가 작은 위로가 될 수 있어서 다행이었다고.

근데도 날 버릴 거야?

휴……. 흔들의자는 아무래도 안 되겠어.
그럼 누굴 내보내지?

그래, 바로 너야.
우리 집에서 최고로 덩치가 큰 구닥다리!
낡아빠진 골동품 소파, 너 말이야.
엄마는 너를 처음 샀을 때,
새 아파트로 이사할 날이 얼마 안 남았다며
조금만 기다리라고 했어.
이런 집에서 살게 될 줄은 꿈에도 몰랐다고.

어머, 얘!

필요할 땐 실컷 부려먹더니,

이제 와서 내가 구닥다리라고?

여기 내 옆구리 좀 봐.

네가 끼적인 낙서가 아직도 남아 있어.

네가 처음 배운 글자였다고.

너랑 부딪혀서 까진 상처도 여태 그대로 있고.

그래도 나 아직 멀쩡해.

네가 팡팡 뛰어도 아무렇지도 않을 만큼 튼튼하다고.

비록 그 큰 아파트에서 살 수 없게 됐지만

그건 내 잘못이 아니잖아.

하긴 그래.
어렸을 땐 엄마가 이 소파에서 그림책 읽어 주는 게 제일 좋았는데…….

맞아, 너희들을 내보내야겠어.
장롱 안에도, 밖에도, 지저분하게 마구 쌓여 있잖아.
더러운 모자랑 조끼, 종이 따위가 대체 뭐라고,
아빤 너희를 왜 안 버리는지 몰라.

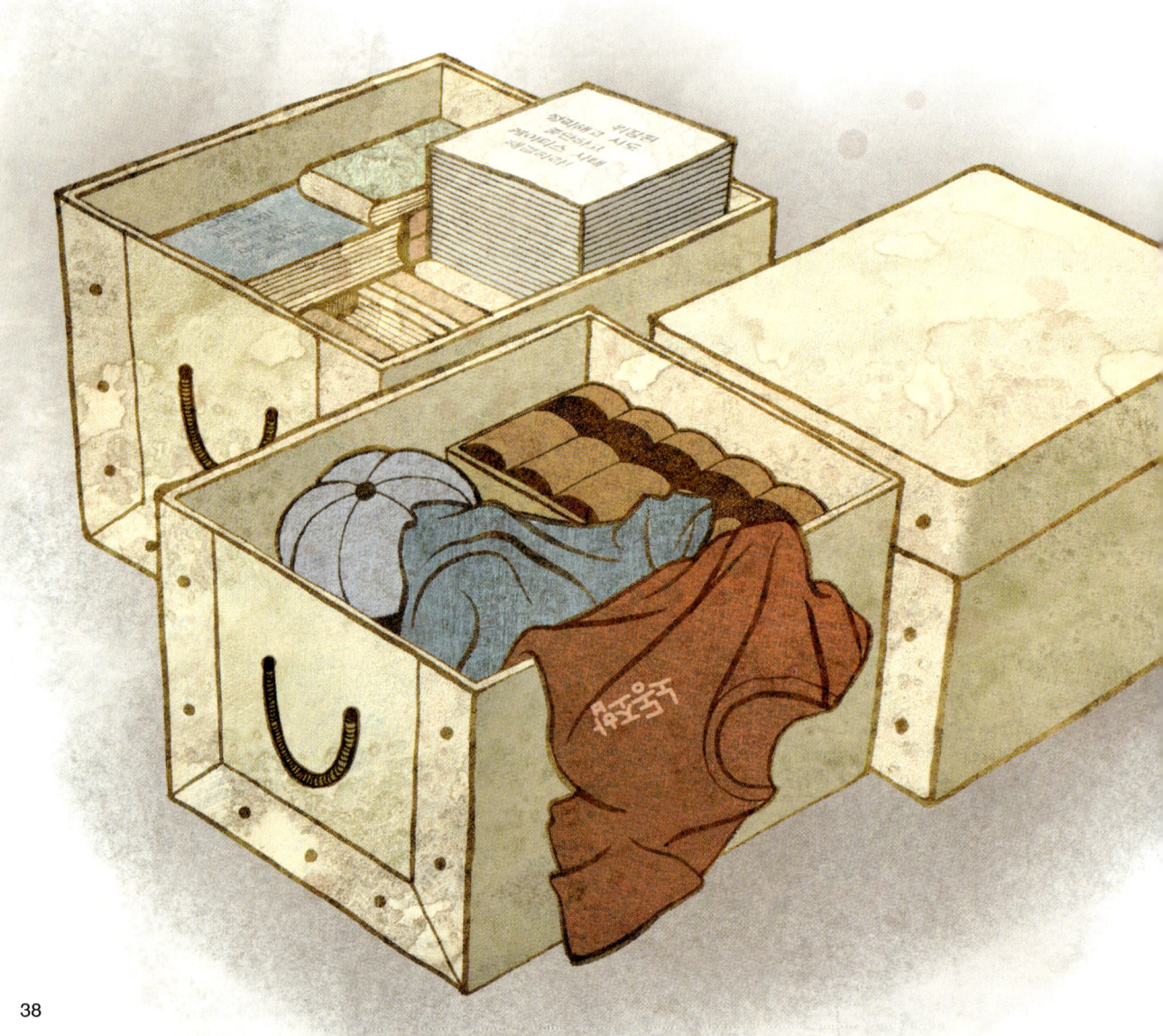

해준아, 우리는 그냥 좀 놔둬라.
아빠가 오죽하면 우리를 못 버리겠냐?
아빠 회사는 원래 나라에서 운영하던 곳이었어.
그런데 어느 날 갑자기 회사가 부자 기업에 팔리더니,
하루아침에 아빠 친구들이 쫓겨난 거야.
그걸 보고만 있을 수 있겠냐?
아무 잘못 없이 쫓겨날 수 없다면서 항의하던 아빠마저 해고됐어.
아빠랑 아빠 친구들은 우릴 입고, 쓰고, 나눠 주며 잘못된 일을 알렸지.
억울하게 회사에서 쫓겨나는 일을 도저히 참을 수 없어서 말이다.
그건 옳지 않은 거니까, 가만히 당하고 있을 수는 없으니까.
힘겨울 때마다 아빠는 우리만 보면 힘이 솟는다고 하더라.
아직은 끝이 아니라고, 희망이 있다고 하면서 말이다.

아빠 상자들, 그런 거였구나…….

침대, 너 말이야.
너한테 붙이는 건 누구도 뭐라고 할 수 없을 거야.
아빠는 거짓말쟁이야.
이번 생일에는 꼭 새 침대를 사 주겠다고 약속해 놓고,
딴 애가 쓰던 널 얻어 왔어.
난 너처럼 칙칙한 애는 싫어.
예쁘고 귀여운 분홍 침대가 나와 잘 어울린다고.

해준아, 내가 그렇게 마음에 안 드니?
난 널 만나게 돼서 정말 기쁜데…….
원래 나는 만수 아저씨네 집에 있었어.
너도 알지? 엄마 치킨집에 자주 오신 아빠 친구.
아빠 친구들이 회의하는데, 아빠가 네 얘기를 했어.
침대를 꼭 갖고 싶어 한다고.
만수 아저씨가 아직 튼튼하다며 날 보낸 거야.
내가 좀 칙칙하긴 해도, 꽤 쓸 만하잖니?
아 참, 아빠한테 나를 분홍색으로 칠해 달라고 하는 건 어때?

하긴 색깔은 별로지만, 푹신하고 편하긴 해.

침대가 생겨서 쪼끔은 좋고.

좋아, 아빠한테 꼭 분홍색으로 칠해 달라고 해야겠어.

어휴, 썩은 내가 진동하네.

감자가 썩는 걸까?

쌀벌레도 날아다니고. 으, 더러워.

냉장고에 넣을 데도 없는데 시골 할머니는 뭐 하러 먹을 걸 자꾸 보낼까?

이렇게 재료가 많으면 또 뭐 해?

엄마랑 아빠는 집에만 오면 맨날 피곤하다 그러고, 밥 먹을 기운도 없다는걸.

이럴 바엔 차라리 할머니한테 다시 보내드리는 게 낫겠어.

잠깐!

해준아, 할머니는 언제나 네 편이야.

동네 할머니들한테 네 자랑을 얼마나 많이 하고 다니시는데.

엄마 아빠 때문에 힘들 텐데 내색도 않고

의젓하게 학교 잘 다니는 네가 대견하다고 말이야.

해준이 너는 그저 건강하기만 하라고,

많이 먹고 키도 쑥쑥 크라고 자꾸만 우리를 보내는 거래.

너 설마, 우리한테서 냄새 좀 난다고 다시 돌려보내려는 건 아니지?

우리 아직 안 상했어, 정말이야!

언제라도 맛있는 음식으로 변신할 수 있다고.

보고 싶다, 할머니…….
할머니가 해 주는 감자 부침개 진짜 맛있는데.

결국 빨간 딱지는 아무 데도 붙이지 못했네.

해준아,
그거 붙이면 밖으로 나갈 수 있어?

뭐라고?

너무 답답해.
치킨집에서 살 땐 가게 앞에서 친구들과 함께
볕 바라기도 하고, 바람도 쐬곤 했는데.
더 싸게 파는 치킨집이 생길 때마다
친구들이 하나둘 말라죽었어.
이제 남은 건 나뿐이야.
해준아, 부탁이야.
날 좀 내보내 줘.

이제 좀 시원해?

응, 살 것 같아.
네가 접어 준 빨간 딱지, 정말 예뻐.

그렇지?
나 종이접기 무지 좋아하거든.
앞으로도 많이 접어 줄게.
말만 해.

나, 아까는 엄마 아빠가 버리지 못하는 물건들을
몽땅 내버리고 싶었는데 이젠 안 그래.
걔네들은 우리 가족을 몰래몰래 지켜 주고 있었던 거야.

아빠 오면 꼭 말할 거야.
침대를 분홍색으로 칠하는 김에 흔들의자도 고쳐 달라고 말이야.
엄마한텐 감자 부침개도 꼭 해 달라고 해야지.

아, 바람!
시원하다.

• 쉬어 가는 계단 •

해준이와 유정이의 요리 교실

음, 난...... 가족이함께라면!

치, 그런 라면이 어디 있어!

해준언니! 언니는 무슨 라면이 제일 좋아?

왜 없어? 있지! 가족이함께라면은 말이야. 맛뿐만 아니라 영양까지 고루 갖춘 특별한 라면이라고. 얼굴에 그늘이 졌거나 어깨가 처진 가족이 있다면 주저 말고 요리 시작! 내가 어떻게 만드는지 알려 줄까?

그래!

우선 커다란 냄비가 있어야 해. 속 좁은 냄비는 애초에 쳐다도 보지 말 것!
그리고 물! 생수, 수돗물 가리지 않음. 뇌물 안 됨!
가장 중요한 라면! '내가사장이라면', '가족이비정규라면',
'신나는라면', '안심라면'과 같은 봉지 라면이면 O.K!
단, 국물도 없는 라면 절대 안 됨!
그 다음엔 달걀! 유정란, 무정란, 영양란, 특대란 가리지 않음.
그렇지만 '실업대란'은 절대 안 돼!
콩나물도 넣으면 좋아! 우리 아빠는 라면에 콩나물을 넣으면
속이 확 풀린다고 하더라.

꿀꺽~

언니! 근데 라면은 도대체 언제 만드는 거야? 빨리 알려 줘!

잠깐만 기다려 봐! 차근차근 설명해 줄게.

가족과함께라면 만드는 법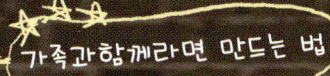

1. 커다란 냄비에 물을 적당히 넣고 팔팔 끓인다.
* 짜게 먹는 사람, 싱겁게 먹는 사람이 함께 먹을 경우,
물을 적게 넣어 짜게 끓인 뒤 싱겁게 먹는 사람이 물을 타서 먹는다.
인간 존중=입맛 존중.

2. 물이 끓으면 면과 스프, 그밖에 준비해 둔 이런저런 재료를 넣는다. ← 달걀 빼고.

3. 면이 알맞게 익으면 달걀을 깨뜨려 넣고 휘휘 젓는다. 달걀 살려~

* 쫄깃한 면을 좋아하는 사람, 푹 퍼진 면을 좋아하는 사람이 함께 먹을 경우,
면이 '익을 똥 말 똥할 때' 달걀을 넣고 바로 불을 끈다.
그 뒤 쫄깃한 면을 좋아하는 사람에게 한 그릇 퍼 주고,
냄비 뚜껑을 덮어 푹 불린다.

가족과함께라면 먹는 법

낙서 금지

1. 온 식구가 잽싸게 한자리에 둘러앉는다.
'나중에~', '좀 이따가~'는 안 된다. 불어 터진다.
2. 공평하게 나눈다. 똑같이 나누는 것이 아니라
먹는 사람 양에 맞춰 나누는 것이 공평이다.
3. 면은 젓가락, 국물은 숟가락으로 먹는다.
거꾸로 하면 되는 게 없다.
4. 재미있는 이야기, 칭찬하는 이야기를 나누며 먹는다.
5. 라면을 먹는 동안 물은 먹지도 먹이지도 마라. 소화 안 된다.

자잣! 어때?

엄청 맛있을 것 같아.
우리 할머니랑 엄마랑
이모랑 꼭 같이 먹고 싶어.

나도 나도!
우리 엄마랑 아빠랑,
시골에 계신 할머니도 같이.

응아~ 구려~

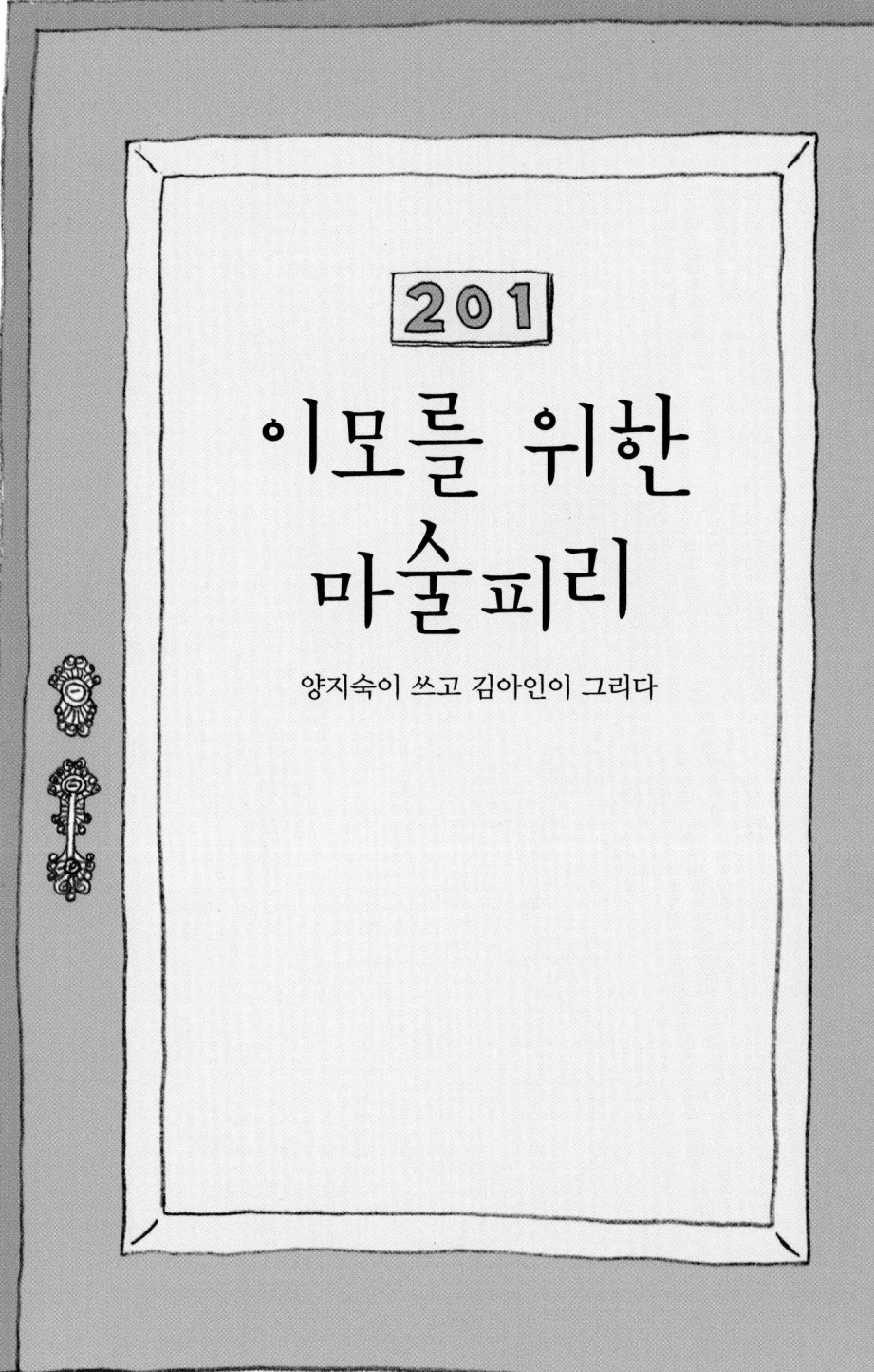

201 이모를 위한 마술피리

양지숙이 쓰고 김아인이 그리다

스물둘, 스물셋, 스물넷……. 지하철 입구가 보이자 나는 숫자 세는 것을 멈추었다. 사람들이 갑자기 많아졌기 때문이다. 거리에서 마주친 어른들의 얼굴은 서로 닮아 있다. 한여름, 더위에 잔뜩 지친 동물원의 동물들처럼 하나같이 무료하고 무뚝뚝한 표정들이다.

양복을 입고 서류 가방을 든 아저씨도.

뾰족한 구두를 신고 가는 누나도.

커다란 배달통을 달고 달려가는 저 형도.

이모가 '거리 음악회' 이야기를 꺼냈을 때, 엄마 아빠의 얼굴도 그랬다. 세상에 중요한 일들이 얼마나 많은데 그런 하찮은 일에 시간을 낭비하냐는 듯, 단단히 빗장을 채운 얼굴이었다.

"요즘 수업이 많아져서 바빠."

"난 요즘 새 프로젝트 때문에 정신없는데."

엄마 아빠는 음악회 같은 것에 관심을 가질 여유가 없는 듯했다.

서운하기도 할 텐데 이모는 별 내색을 하지 않았다. 이모는 벌써 한 달째 특별한 공연을 하고 있었다. 나는 이모의 눈치를 살폈다. 거리 음악회를 보러 오라고 할 때마다 나도 이 핑계 저 핑계를 대고 미루고 있었는데 더 이상 핑곗거리가 없었다.

"우혁아, 출발하면서 전화해."

나는 어쩔 수 없이 고개를 끄덕였다.

지하철역은 한산했다. 아직 퇴근 시간이 되지 않아서일 것이다.

"우혁아, 시내 방향으로 타야 해."

나는 이모가 일러 준 대로 시내 방향으로 가는 열차를 타러 개찰구로 들어갔다.

얼마 전까지는 이모가 초대장을 내밀기도 전에 내가 먼저 손꼽아 공연 날을 기다렸다. 그리고 공연이 시작되는 첫째 날, 잔뜩 들떠서는 서둘러 공연장으로 달려가

곤 했다. 이모의 오페라 공연은 내게 가장 즐거운 일 중 하나였다. 하지만 이번 공연은 그렇지가 않았다.

"공원만 찾아오면 돼. 어렵지 않겠지?"

"알았다고."

걱정스럽게 묻는 이모에게 나는 뚱하니 대꾸했다.

혼자서 이모 공연장을 찾아가는 것은 처음이 아니었다. 엄마 아빠가 항상 바쁘기 때문에 웬만한 일은 혼자서 해치우는 것이 습관이 되었다. 이모 공연도 거의 혼자서 찾아다니곤 했다. 걱정하는 이모가 새삼스러웠다.

"공연 끝나고 맛있는 거 먹자."

이모는 끝내 내가 별로 가고 싶어 하지 않는다는 사실을 눈치채지 못한 것 같다. 갑자기 이모가 눈치 없는 사람처럼 답답하게 느껴졌다.

'엄마 아빠한테 같이 가자고 해 볼까?'

이번 공연은 정말로 혼자 가고 싶지 않다.

하지만 엄마 아빠를 설득할 자신이 없다. 아무리 사랑하는 아들인 내가 애원한다고 해도 엄마 아빠는 눈 하나 깜짝하지 않을 것이다. 엄마 아빠는 한 번도 내가 떼쓰거나 억지 부리는 것을 받아 주지 않았다.

"엄마! 한 번만. 응? 부탁이야."

거의 사정하다시피 말했지만 엄마는 단박에 안 된다고 내 가슴에 쾅쾅 못을 박았다. 거기에 비하면 아빠의 거절은 한결 부드러웠다. 어쨌거나 결론은 비참한 기분이다. 정말 오랜만에 하는 아들의 부탁을 어쩜 그렇게 싹뚝 잘라 버릴 수 있는지.

엄마 아빠가 원망스럽지만 이대로 포기할 수는 없다. 나도 인내와 끈기를 발휘해 엄마 아빠에게 조를 참이다.

열차를 기다리는 동안에도 나는 계속 휴대전화를 만지작거렸다. 곧 열차가 들어오고 나도 열차에 올라탔다. 열차 안에는 띄엄띄엄 몇 사람만이 앉아 있을 뿐이었다. 나는 엄마 아빠를 어떻게 설득해야 할지 생각하면서 가운데쯤으로 가서 자리를 잡았다.

'머리를 쓰자. 작전 하나, 먼저 아빠를 공략한다.'

나는 우선 아빠를 끌어들이기로 했다.

엄마보다는 아빠가 더 마음이 약한 점을 이용하기로 한 것이다. 아빠가 올 수 있다고 하면 엄마도 마음이 달라질지 모른다. 또 엄마가 못 온다면 아빠하고 단둘이 가는 것도 괜찮다. 어쨌든 혼자서 음악회에 가는 것만은 피할 수 있다.

나는 아빠에게 다시 전화를 걸기로 했다.

그 일이 일어나지 않았다면 지금쯤 신 나서 공연장으로 달려가고 있을 텐데. 그날 일이 떠오르자 또 가슴이 먹먹해졌다.

"해고라니?"

이모가 해고 사실을 털어놓았을 때 엄마 아빠는 깜짝 놀랐다.

내 방에서 한창 수학 문제 때문에 끙끙거리고 있던 나도 마찬가지였다. 이모는 일부러 가족들이 다 모여 있는 시간을 골라 어렵게 이야기를 꺼낸 것 같았다. 나는 엄마 아빠가 있는 거실 쪽으로 귀를 바짝 세웠다. 가슴이 쿵쾅거렸다.

"곧 정식 단원이 된다더니 어떻게 된 일이야?"

엄마의 말에 나도 모르게 고개를 끄덕였다.

"우리도 너무 갑작스럽게 당한 일이야."

"이렇게 될 때까지 뭘 하고 있었어?"

속이 상한 엄마가 이모를 몰아붙였다.

털털하고 배짱 두둑한 이모도 그날은 무슨 큰 잘못이라도 한 사람처럼 쩔쩔맸

다. 가족들 중에서 이모의 해고 소식에 가장 놀란 사람은 바로 나였다. 내게는 정말 충격적인 사건이었다. 오페라 단원인 이모는 내 우상이었다. 그런 이모가 하루아침에 합창단에서 잘리다니.

"그래서 이제 어떡할 건데?"

"……고민 중이야. 지금은 다들 너무 놀라서 뭘 어떻게 해야 할지 모르겠어."

떨리는 이모의 목소리가 내 귓가에까지 선명하게 들려왔다.

가족들 중 누구도 이모의 해고 사실을 믿고 싶어 하지 않았다. 이모는 자신의 일을 사랑했고 오페라 무대에서 누구보다도 열정적으로 노래를 불렀다. 그런 이모가 해고라니, 믿을 수 없는 일이었다.

뚜우-

뚜우-

뚜우-

한참 동안 신호음이 울리는데도 아빠는 전화를 받지 않는다.

나는 전화를 끊었다. 그러자 바로 문자음이 울렸다. 아빠일 거라고 짐작하면서 서둘러 문자 내용을 확인했다.

'지금은 회의 중이니 전화를 받을 수 없습니다.'

실망이다. 아빠가 직접 보낸 문자가 아니라 전화를 받지 못할 때 자동으로 가게 설정된 문자다. 내가 건 전화를 받지 못하자 아빠 휴대전화에서 자동으로 발송된 거다.

"흥, 이대로 물러날 줄 알고?"

오기가 발동한 나는 휴대전화를 보고 중얼거렸다.

지금쯤 아빠는 회의 중이거나 컴퓨터 앞에서 머리를 벅벅 긁고 있을 게 분명하다.

아빠는 컴퓨터 박사다. 집에서 쓰던 컴퓨터가 고장 날 때면 아빠의 진가는 최고로 빛을 발휘했다.

"아빠, 컴퓨터가 고장 났어."

"그래? 잠깐만 기다려 봐!"

아빠는 고장 난 컴퓨터를 눈 깜짝할 사이에 휘리릭 고쳤다. 아빠가 컴퓨터를 척척 고치는 것을 보고 친구들은 부러워서 어쩔 줄을 몰랐다.

"야 우혁아, 너희 아빠 진짜 최고다."

"우리 아빤 완전 컴맹인데."

그러면 나는 더욱 신이 나서 아빠 자랑을 늘어놓았다.

"우리 아빤 프로그래머야. 고장 난 컴퓨터쯤은 아무것도 아냐."

"프로그래머?"

"그래. 빌 게이츠 아저씨 같은 프로그래머."

나는 아빠가 컴퓨터 프로그래머라는 사실이 자랑스러웠다.

아빠는 지금 다니고 있는 회사에서 컴퓨터 프로그램을 개발하고 있다. 프로그램 개발이 한창일 때는 밤을 새우거나 새벽녘에야 집에 들어오는 적도 많다. 조금 과장해서 말하자면 아빠와 시간을 보내는 것은 하늘에 있는 별을 따는 것만큼이나 어렵다. 휴, 그러고 보니 빌 게이츠만큼이나 바쁜 아빠가 공연에 오기를 바라는 건 너무 야무진 꿈 같기도 하다.

'두 번째 작전, 엄마를 공략한다.'

하지만 엄마는 웬만한 작전으로는 꿈쩍도 안 할 것이다. 고민 끝에 나는 엄마의 모성애에 호소하기로 했다.

'사랑하는 엄마, 오늘 음악회 오실 거죠? 꼭 와 주세용~.'

애교가 듬뿍 담긴 문자를 엄마에게 보냈다.

엄마 별명은 '슈퍼우먼'이다.

조금만 관찰력이 있다면 누구든지 우리 엄마가 모든 일에 달인의 경지라는 사실을 금방 눈치챌 수 있다. 밥상도 뚝딱! 청소도 뚝딱! 숙제 검사를 할 때는 거의 빛의 속도나 마찬가지다. 그러면서도 엄마는 내가 틀린 부분이나 소홀히 다룬 문제들을 정확하게 지적해 냈다. 아무리 꾀를 피우고 싶어도 나는 숙제를 대충 해 놓을 수가 없다. 만약 엄마의 어록 같은 것이 만들어진다면 딱 네 문장이 올라갈 것이다.

"숙제했니?"

"밥 먹어!"

"씻어!"

"일찍 자!"

짧고 간결한 이 네 마디만 있으면 엄마는 우주도 평정할 수 있을 것이다.

엄마가 이렇게 짧은 시간에 여러 일을 해치우는 신공을 발휘하기 시작한 것은 학습지 선생님이 되고부터였다.

엄마는 내가 초등학교 2학년 때, 그러니까 이 년 전에 학습지 선생님이 되었다.

"아빠 혼자 벌어서는 힘들어. 우리 아들 대학 보내고 유학까지 보내려면, 엄마가 같이 일을 해야 해. 또 선생님은 엄마의 오랜 꿈이기도 하고."

그 무렵 아빠는 다니던 회사가 월급도 제대로 주지 않고 문을 닫는 바람에 실업자가 되어 다른 회사를 찾고 있는 중이었다. 엄마는 동네에서 지하철로 세 정거장을 가면 있는 학습지 회사에 취직을 했다.

엄마랑 아빠가 맞벌이를 하게 되면서 우리 집 풍경은 여러 가지가 바뀌었다.

"엄마 지금 바빠!"

전과 달리 엄마는 바쁘다는 말을 입에 달고 산다.

아이들 수업을 다 마치고 퇴근하면 밤 9시가 넘어 있기 일쑤다. 집에 와서도 집안일에 수업 준비까지 하느라 늦게까지 분주했다. 또 주말에는 쉬기는커녕 아이들이 푼 학습지를 채점하느라 항상 정신이 없었다.

나는 떡볶이 가게에서 수다를 떨거나 동네 공원에서 자전거를 타는, 그동안 엄마와 단둘이 해 왔던 달콤한 시간들을 포기할 수밖에 없었다. 그리고 다른 맞벌이 집 아이들처럼 학원을 두 개나 더 다니게 되었다.

서운했던 일들이 한꺼번에 떠올라서인지 속상한 맘이 커지려는데 엄마에게서 답장이 왔다. 나는 '제발' 하는 심정으로 엄마가 보낸 문자를 조심스럽게 확인했다. 하지만 이번에도 '꽝'이었다.

'미안. 신입 회원 충원도 해야 하고, 수업도 많은 날이라서 힘들 것 같아.'

새로운 회원을 충원한다는 것은 엄마가 가르칠 학생들을 더 모집한다는 뜻이다.

엄마는 달마다 신입 회원을 모집하기 위해 친척들이나 엄마 친구들에게 전화를 했다. 아쉬운 소리로 사정사정하는 엄마를 보고 있으면 내 자존심이 상하는 것 같았다.

"난 그 아이들 선생님인데, 몇 분 만에 후다닥 끝내고 나오려면 애들한테 많이 미안해."

엄마는 가끔 딱딱하게 굳은 얼굴로 그렇게 말하곤 했다.

나는 엄마가 정신없이 바쁘다면서 왜 자꾸만 학생 수를 더 늘이려고 하는지 이해가 되지 않았다. 아이들을 조금만 줄이면 엄마 시간도 훨씬 많아지고, 아이들 수업도 더 길게 할 수 있을 텐데. 그럼 아이들에게 미안한 마음을 갖지 않아도 되고.

다음에 정차할 역은…….

다음에 정차할 역은…….

지하철 안내 방송이 나오고 있었다.

내가 탄 열차 칸에는 타고 내리는 사람이 아무도 없다. 군데군데 앉아 있는 사람들은 아까 지하철역으로 오면서 보았던 어른들처럼 무표정한 얼굴들이다. 지하철이 출발하면서 흔들리는 창에 굳은 내 얼굴이 어른거렸다.

'이모한테 그냥 집에 간다고 전화할까?'

나는 이모 번호가 저장된 휴대전화 단축키를 누를까 말까 망설였다.

문득, 심통이 난 것처럼 괜히 기분이 나빠졌다. 누군가에게 떼라도 쓰고 싶다. 이럴 때면 이모가 항상 내 마음을 풀어 주곤 했는데. 문득 언제나 내 편을 들어 준 사람은 이모였다는 생각이 든다. 아무래도 이모를 배신하면 안 될 것 같다.

나는 아직까지 전화 한 통 없는 아빠가 미워졌다.

"미래에는 아빠 같은 프로그래머들이 세상을 움직이게 될 거야!"

아빠는 프로그래머로서의 자부심이 대단했다.

아빠는 언젠가 빌 게이츠 아저씨처럼 세상을 바꾸는 프로그램을 개발하고 싶다고 했다. 세상 모든 사람들이 아빠가 만드는 프로그램을 쓰는 날이 올지도 모른다고 말이다. 그 순간만큼은 정말 아빠가 빌 게이츠 아저씨처럼 훌륭하게 느껴졌다.

"나, 아빠 사무실에 가 보고 싶어."

프로그래머가 일하는 곳이 궁금해진 내가 졸랐다.

"이번 프로젝트 끝나면 꼭 가자."

그럴 때마다 아빠는 철석같이 약속을 했다.

하지만 몇 번의 프로젝트를 마쳤는데도 아빠는 시간을 내지 못하고 있다. 너무 바쁘기 때문이다. 그래도 근사한 사무실에서 일하고 있을 아빠를 생각하면 조금 위로를 받는다. 아빠가 빌 게이츠 아저씨처럼 멋진 빌딩, 멋진 사무실에서 일하고 있을 것이라고 상상하면 구름 위를 나는 것처럼 유쾌해진다. 우쭐해진 나는 친구들 앞에서 한껏 거들먹거리기도 했다.

"빌 게이츠 알지? 우리 아빠도 곧 그렇게 유명해질 거야."

하지만 언제부터인지 친구들 반응이 영 시큰둥했다.

"근데 왜 너희 아빤 맨날 잠바만 입고 출근해?"

"왜 아파트에 안 살고 다세대에 사는데?"

"맞아. 우리 엄마가 그러는데 빌 게이츠 아저씨는 세계에서 제일 부자래. 부자가 왜 그런 데 살아?"

친구들이 이렇게 따지고 들자 나는 당황스러웠다.

친구들 의심대로 아빠는 왜 빌 게이츠 아저씨 같은 부자도 아니고, 유명하지도 않은지 나도 잘 모르겠다. 아빠에게 물어볼 용기도 나지 않았다.

그럴 때 나는 이모에게 비밀스럽게 털어놓곤 했다.

"빌 게이츠도 아빠처럼 유명하지 않을 때가 있었지."

"진짜?"

"그럼. 처음부터 그런 사람은 없어. 다들 뭔가를 위해 열심히 노력하고 그러면서 꿈을 현실로 이루어 가는 거지. 아빠도 빌 게이츠보다 더 훌륭한 사람이 될지도 몰라."

이모의 말이 다 이해되는 건 아니었지만 듣고 있다 보니 절로 고개가 끄덕여졌다. 친구들에게 큰소리를 칠 수 있게 된 것만으로도 이모에게 무한한 애정이 샘솟았다. 어떤 고민이든 이모에게 털어놓으면 시원시원하게 해결되었다. 엄마에게 섭섭한 마음이 이모 덕분에 풀어지기도 했다.

엄마는 학습지 선생님이 되고 난 뒤로 부쩍 고민이 많아졌다. 엄마가 가르치는 아이들에 대해 이런저런 생각을 하는 것 같았다.

어느 날 퇴근하고 돌아온 엄마가 어두운 표정으로 중얼거렸다.

"좋은 선생님이 될 수 있을 거라고 믿었는데. 내가 잘못 생각한 건가?"

엄마가 그 아이들 생각만 하는 것 같아 샘이 난 나는 툴툴거렸다.

"엄만 내 생각은 조금도 안 하지?"

다른 때 같으면 '우리 아들이 최고지!' 하고 내 엉덩이를 톡톡 두드려 주어야 할 엄마가 아무런 반응이 없었다. 나도 모르게 눈물이 나오려는 것을 꾹 참았다. 사실 엄마가 학습지 수업 받는 아이들 이야기를 하거나, 그 아이들 일로 뭔가를 심각하게 고민하는 모습을 보면 은근히 심술이 났다. 그 아이들에게 엄마를 빼앗겨 버린 것 같아 화가 났다.

그날도 내 마음을 풀어 준 것은 이모였다.

"우혁아, 엄마가 그냥 대충대충 그런 선생님이었으면 좋겠어?"

"대충대충?"

"음, 아이들을 사랑하지도 않고, 아이들 마음 같은 것은 관심도 없는 그런 선생님 말이야."

"글쎄……."

휴, 나도 안다.

2학년 때 우리 반 담임 선생님은 차가운 얼굴로 수업만 했다. 그래서 반 아이들은 담임 선생님을 로봇 샘이라고 불렀다. 그 선생님은 우리들 생각이나 우리들 마음에는 별로 관심이 없는 것 같았다. 나는 엄마가 그런 선생님이 되는 건 싫다. 나 역시 엄마가 좋은 선생님이면 좋겠다. 하지만…….

"우혁이가 엄마 편이라는 게 엄마한테 얼마나 큰 힘이 되는지 알아?"

이모의 말엔 복잡하게 꼬인 내 마음을 풀어 주는 마법 같은 힘이 있다. 갑자기 내가 아주 중요한 사람이 된 것 같았다.

그날 저녁, 나는 식탁에서 수업 자료를 준비하고 있는 엄마에게 다가갔다. 일에 열중하고 있는 엄마의 얼굴은 여전히 어두웠다.

"엄마, 애들이 말을 안 들어? 우리 샘은 말 안 듣는 애들을 '생각하는 의자'에 앉아 있게 하는데 효과 짱이야. 엄마도 그렇게 해 봐."

나는 엄마를 위로하고 싶어서 우리 담임 선생님이 쓰는 방법을 귀띔해 주었다.

"그래, 엄마한테는 사랑하는 아들 우혁이가 있고, 열심히 공부하는 학생들도 있지. 그러니까 다 견딜 수 있어!"

엄마는 숨이 막힐 듯 나를 꽉 안으며 힘주어 말했다.

내 위로 때문인지 엄마 얼굴이 한결 밝아졌다. 이모는 큰일을 해낸 나를 칭찬하듯 엄지손가락을 세워 주었다.

이모는 내 고민 해결사이기도 하지만 누구보다 빼어난 목소리를 지닌 오페라 가수였다.

공연 일정이 잡히면 이모는 연습으로 눈코 뜰 새 없이 바빴다.

"우혁아, 이 노래 어때?"

이모의 목소리가 매미 울음소리처럼 튀어 올랐다.

이모가 내 고민을 들어주듯 나도 이모에게 해 줄 수 있는 일이 있었다. 그건 바로 이모의 노래를 들어 주는 일이었다.

"꼼짝 말고 잘 들어 봐."

이모가 노래를 부르는 동안은 딴짓을 할 수 없었다.

헐렁한 트레이닝 바지를 입고 악보를 돌돌 말아 쥔 이모는 화려한 오페라 무대 대신 소파 위에 올라서서 목청을 가다듬었다. 그 순간은 아무리 잘 봐 주고 싶어도 도저히 오페라 무대에 서는 사람처럼 보이지는 않는다. 같은 소절을 수십 번쯤 반복해서 듣다 보면 오페라 가수가 꿈인 나에게도 고문 같은 시간이 온다.

"최고! 최고! 이모, 진짜 좋아졌어."

나는 이모의 노래에 무조건 찬사를 보냈다. 이모에게서 조금이라도 빨리 벗어나려면 어쩔 수 없다. 이모는 합창단 노래 연습실이 따로 있기 때문에 집에서는 부분부분 부족한 곳을 가다듬는 연습을 했다. 방음벽도 없는 다세대주택에서 본격적인 노래 연습은 모두에게 곤란할 테니까.

"아냐, 아냐."

이모는 뭔가 성에 차지 않는다는 듯 까칠하게 고개를 흔들었다.

지금까지 수십 번은 불렀을 소절을 다시 반복하는 이모는 지독한 연습 벌레였다. 이모가 목에 탈이라도 나서 공연에 지장을 주지는 않을까 나는 은근히 걱정이 되었다.

"이모, 쉬었다 해. 목이 힘들어 죽겠다고 비명 지르는 거 안 들려?"

나는 목에 좋다는 모과차에 꿀을 듬뿍 넣어 이모에게 건넸다.

"고마워, 사랑하는 조카. 이모는 노래를 부를 때가 제일 행복해!"

이모 말대로 이모는 노래를 부를 때 가장 행복해 보였다. 그럴 땐 이모의 행복바이러스가 내게도 전염 되곤 했다.

이모가 출연하는 오페라 무대는 언제나 환상적이었다.
"우혁아, 공연 끝나고 보자."
분장을 하고 무대의상을 입은 이모가 눈을 찡긋거렸다.
"이모, 공연 잘해."
공연 무대에 올라가는 사람은 이모인데도 내가 더 떨렸다.
이모에게 오페라의 줄거리나 등장인물들에 대해 귀가 따갑게 듣다 보면 어려운 오페라도 친숙하게 여겨졌다. 이모가 연습할 때는 그렇게 지겹던 곡들이 합창단원들의 멜로디로 무대 위에서 위풍당당하게 울려 퍼질 때는 전혀 다른 노래처럼 들렸다. 합창단원들이 부르는 합창곡들은 오페라 공연을 더욱 풍성하고 아름답게 만들었다.
'정말 최고야.'
공연이 진행되는 내내 내 가슴은 콩콩 뛰었다.
관객들은 오페라를 보면서 웃기도 하고 눈물짓기도 했다. 그럴 때면 이모가 오페라 합창단원이라는 사실이 무척 자랑스러웠다. 비록 주인공은 아니더라도 이모는 모두가 함께 빛나는 순간이 바로 '합창'이라고 했다.
"이모, 나도 오페라 단원이 될 거야!"
작년 가을, 나는 오페라 〈마술피리〉를 보고 난 후 중대한 결심을 했다.
왕자가 마술피리를 가지고 공주를 찾으러 가는 이야기를 보고 나는 오페라의 매력에 푹 빠져 버렸다. 나도 오페라 무대에서 사람들에게 감동을 주고 싶었다. 그런데 이모가 더 이상 그 멋진 무대에 서지 못하게 된 것이다.
"우린 언젠가 정식 단원이 될 거라는 소망을 가지고 열심히 일해 왔어. 우리는 일자리를 되찾을 거야."
거리 음악회를 시작하며 이모는 엄마에게 말했다.
이모와 이모의 동료들은 노래를 다시 부르기 위해, 무대를 되찾기 위해 여러 가지 노력을 하는 것 같았다. 그러는 동안 몇 달이 훌쩍 흘러갔다. 그러나 한번 결정된 어른들의 일은 쉽게 바뀌지 않았다.

"이제 시간 낭비 그만해."

엄마가 안타까운 얼굴로 말했다.

"불합리한 현실이 바뀌지 않으면 우리 꿈도 지킬 수 없어."

이모가 대답했다.

"넌 다른 곳에서 얼마든지 노래할 수 있잖아."

"일자리 때문만이 아니야. 노래는 사람들을 행복하게 만들어 줘. 문화라는 게 그런 거야. 그런데 돈이 되는지 안 되는지, 그런 잣대로 이 일을 판단하고 결정하는 건 잘못된 거잖아."

이모는 전혀 물러설 뜻이 없어 보였다.

"처제, 언니 말대로 다른 일자리를 찾는 게 어때?"
그때까지 잠자코 곁에서 지켜보던 아빠가 말했다.
"이건 우리 모두를 위한 싸움이에요. 이대로 물러설 수는 없어요."
이모의 목소리는 당차게 들렸다.
하루하루 시간이 지나면서 이모가 달라졌다. 해고 사실을 털어놓을 때 당혹스러워하던 모습은 온데간데없었다. 나에게는 이런 이모의 모습들이 낯설기만 했다.

이모한테서 어디쯤 오고 있냐는 문자가 왔다. 나는 세 정거장 남았다고 답장을 보냈다. 시내 중심에 다다르자 사람들이 갑자기 많아졌다. 열차 안은 늘어난 사람들로 붐비고 어수선했다. 나는 휴대전화로 시간을 확인했다.

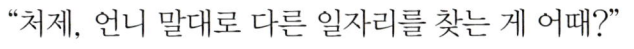

5시 25분.

음악회가 시작되는 6시까지는 아직 여유가 있었다.

이제 딱 세 정거장만 더 가면 이모가 거리 음악회를 하고 있는 곳에 도착한다. 엄마 아빠와 같이 가는 것은 이제 포기해야 할까? 갑자기 마음이 초조해졌다. 도살장에 끌려가는 소가 딱 지금 내 마음 같을 거라고 생각하니 저절로 한숨이 나왔다. 엄마 아빠에게 한 번만 더 부탁해 봐야겠다.

'아들 소원이에요. 제발 꼭 오세요.'

지하철에서 내리기 전 나는 엄마 아빠에게 다시 문자를 보냈다.

아빠도, 엄마도 아직 답장이 없다. 그래도 엄마는 수업 중이거나 회의 중일 때를 빼곤 금방 답장을 주는데, 이상하다.

'공연장으로 바로 올지도 몰라. 나를 놀래 주려고!'

지하철역을 빠져 나오자 낯선 거리가 나타났다. 처음 오는 동네라 그런지 사람

들도, 건물들도, 조금 무섭게 느껴졌다. 나는 이모가 말한 희망 꽃집을 찾기 위해 주위를 두리번거렸다. 얼마쯤 걷다가 꽃집을 발견했다.

"어? 저기 희망 꽃집이다!"

아담한 가게였다. 이모가 일러 준 대로 꽃집을 지나서 길모퉁이를 돌았다. 그러다가 나는 문득 걸음을 멈추고 망설였다.

"꽃을 사야 하는데……."

내키지는 않았지만 꽃집 앞으로 다가갔다.

이모가 좋아하는 노란 장미가 유리창 너머에서 환하게 빛나고 있었다. 공연장에 갈 때마다 내가 잊지 않고 들고 가는 꽃이다. 자랑스럽게 이모에게 꽃다발을 전해 주던 기억들이 떠올라 또 심술이 났다.

'칫, 길거리 공연에 꽃다발은 무슨.'

나는 꽃을 사지 않고 그냥 돌아섰다.

골목 안쪽으로 계속 걸어가니 잎이 무성한 회화나무들이 늘어서 있는 작은 공원이 나타났다.
"저기가 틀림없는데……."
사람들이 별로 없는 한산한 공원에서 이모와 이모의 동료들만이 분주해 보였다. 그동안 다녀 본 공연장하고는 전혀 다른 모습이었다. 휴- 하고 심호흡을 한 뒤,

이모 쪽으로 발걸음을 옮겼다. 사람들과 진지하게 이야기를 나누고 있던 이모가 나를 보고는 손을 흔들었다.
"우혁아, 여기!"
씩씩한 이모의 목소리에 나는 반가움보다는 어색함에 몸을 움츠렸다.
〈마술피리〉를 공연할 때처럼 웅장한 콘서트홀도, 공연장을 가득 메운 관객들도 없었다. 허술한 간이 무대. 구호가 적힌 플래카드, 전선줄에 위태롭게 연결되어 있는 조명등, 화려한 무대의상 대신 촛불을 손에 든 합창단원들.

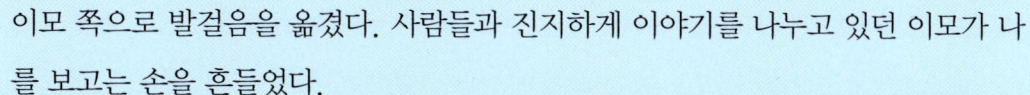

'시민과 함께하는 거리 음악회'

가로로 길게 늘어진 현수막에는 그렇게 적혀 있었다. 시간이 다 됐는지 이모의 동료들이 무대 위로 올라섰다. 이모도 나를 향해 손을 한 번 더 흔들어 주고는 그들과 함께 섰다.

"다시 노래를 부를 수 있게 해 주세요!"

"이 땅의 예술가들이 더 이상 부당한 대우를 받게 할 수는 없습니다!"

"문화가 살아야 사람들도 행복해집니다."

사회자가 몇 가지 구호를 외치고 있었다.

"이건 우혁이 너를 위한 싸움이기도 해."

얼마 전, 이모는 나를 위해서라도 포기할 수 없다고 했다.

잘 모르겠다. 나를 위한 싸움이란 말도, 꿈을 지키기 위해서란 말도. 이모는 왜 다른 일자리를 찾지 않는지. 노래를 사랑하고 열심히 일해 온 이모에게 왜 이런 일이 생긴 것인지.

무대에 정신이 팔려 있는데 휴대전화가 울렸다. 나는 뒤쪽으로 나와 문자를 확인했다. 엄마가 보낸 문자였다. 그사이 엄마 아빠에게서 문자가 여러 통 와 있었다.

'바빠서 아들 전화 온 것도 몰랐네.'

'회의가 이제 끝났어. 도착했니?'

'아빠가 같이 못 가서 미안.'

'사랑하는 아들, 음악회 즐감하삼!'

'엄마, 수업 들어간다. 집에서 보자.'

문자를 주욱- 훑어보는 것만으로도 엄마 아빠가 오늘 하루를 어떻게 보냈는지 눈앞에 그려졌다. 엄마 아빠의 고단함이 그대로 느껴져 마음이 찡했다. 어른들은 이렇게 힘든 것들도 견뎌야 하는 걸까? 이모도 요즘 무척이나 힘들어 보인다.

사람들이 수군거렸다.

"오페라 합창단이 뭐야?"

"오페라 단원하고는 다른 건가?"

"합창단에도 비정규직이 있는 모양이야."

나는 얼굴이 빨개졌다. 어딘가로 도망치고 싶었다.

지금 눈앞에 있는 이모가 내게 너무 멀게만 느껴진다. 순간, 이모가 나오는 멋진 오페라를 앞으로 보지 못할지도 모른다고 생각하자 울컥 눈물이 솟구쳤다. 소중한 무언가가 내게서 빠져나가 버린 듯 맥이 빠지는 기분이었다.

그때 합창단의 노래가 이어졌다.

"그것들은 입이 있으되 말하지 않는다~~"

공원에서 시작된 멜로디가 사방으로 퍼져 나가고 있었다.

내게도 익숙한 멜로디였다. 바로 앞쪽 큰길에는 많은 사람들이 오가고 있었다. 사람들은 아주 무심한 얼굴로 지나쳐 갔다. 여기까지 오는 동안 내가 보았던 많은 사람들처럼, 어떤 일에도 무관심한 얼굴들.

"그것들은 눈이 있으되 보지 않는다~~"

"그것들은 귀가 있으되 듣지 않는다~~"

나는 많은 목소리 중에서 이모의 목소리를 금방 찾아냈다.

지난 몇 달간 이모는 노래를 부르지 못했다. 대신 일자리를 되찾기 위한 다른 일들을 하느라 바빴다. 노래의 화음은 공원에 서 있던 나를 지나, 사람들이 분주히 오가는 거리로 울려 퍼졌다.

"내 노래를 듣는 사람들이 행복해졌으면 좋겠어."

작고 초라한 무대에서도 이모의 노래는 깊은 울림을 주고 있었다.

노래는 내가 잠시 잊고 있던 것들을 일깨워 주었다. 마술피리처럼 언제나 내게 마법을 부리곤 했던 이모의 노래. 나는 듣는 이들을 행복하게 해 준다는 마술피리의 마법이 이모에게도 이루어졌으면 하고 생각했다. 마법 때문이었을까? 이모를 위해서 하고 싶은 일이 떠올랐다. 나는 유리창 안에서 빛나던 노란 장미가 아직 그대로 있기를 바라며 공원을 살짝 빠져나왔다.

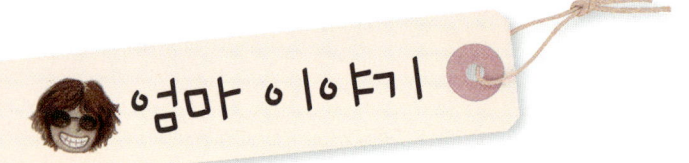

엄마 이야기

브라보, 숙희 씨

이잠 글 | 최덕규 그림

우리 동네 '코리아 마트'에 가면 언제든 숙희 씨를 만날 수 있어요. 키는 멀대같이 크고, 부스스한 머리에, 알이 커다란 구식 선글라스를 끼고 출근하는 3번 계산대 아줌마. 싱글벙글 웃기도 잘해, 시원시원 계산도 잘해, 번쩍번쩍 힘도 장사예요. 게다가 기차 화통을 삶아 먹은 것처럼 목청은 또 얼마나 큰지.

오늘은 칠월의 마지막 날이에요. '보들야들 영계'가 원 플러스 원! '달고나 수박'이 빅 세일 들어간대요. 이런 날은 보통 날보다 손님이 다섯 배는 더 많이 오고, 숙희 씨는 열 배나 더 힘들지요.

하지만 숙희 씨는 아침부터 싱글벙글 웃고 있네요. 이층 사무실에 올라가 십만 원권, 만 원권, 천 원권과 동전이 들어 있는 돈 통을 들고 계단을 내려오며 히죽히죽 웃어요.

"숙희 씨는 뭐가 그렇게 신 나?"

2번 계산대 황미나 언니가 물었어요.

"이렇게 날마다 일하러 올 데가 있어서 좋고요, 돈 벌어서 애들 학비 보탤 수 있어서 좋고요, 또 언니랑 요렇게 얼굴 맞대고 얘기할 수 있어서 좋아요, 히히!"

"숙희 씨는 좋겠다!"

"왜요?"

"나는 고객이 무서워. 오늘은 또 어떤 고객이 무슨 일로 힘들게 할까 걱정돼."

미나 언니가 한숨을 폭 내쉬며 고개를 떨구었어요.

"에이, 언니는 뭘 그런 거 갖고 그래요, 소심하게. 마음 크게 잡숫고 그까짓 거 하세요. 세상에 별별 사람 다 있는데 그거 일일이 반응하면 언니만 손해예요."

"그러려고 마음을 먹어도 잘 안 돼."

"언니, 나쁜 기억은 요렇게 쓰레기통에 버리세요!"

숙희 씨는 손에 들고 있던 커피를 마저 마시고 빈 컵을 쓰레기통에 휙 던졌어요.

"자, 시작합시다! 보나 마나 오늘도 무지 힘들겠는데요."

숙희 씨는 미나 언니 손을 잡고 결전을 앞둔 전사처럼 계산대를 향해 씩씩하게 걸어갔어요.

"몇 번을 말해야 알아먹겠어? 빨리 교환해 줘! 아니면 환불해 주든가!"

갑자기 고객의 고함이 터져 나온 것은 2번 계산대에서였어요. 그것도 낮 시간이 다 지난 가장 바쁜 저녁 시간대에 말이지요. 줄 서서 계산을 기다리던 사람들이 일제히 미나 언니를 쳐다봤어요. 3번 계산대 숙희 씨도 바코드를 찍으며 흘끔 미나 언니를 건너다봤지요. 걱정이 되었어요.

"죄송합니다, 고객님. 수박을 그대로 가져오시지 않아서 교환이 안 됩니다."

미나 언니는 귓불까지 벌겋게 달아올라 무슨 큰 잘못이라도 한 사람처럼 안절부절 못하고 있었어요.

'무슨 일이지?'

숙희 씨의 머리와 손은 계산대 물건들을 체크하면서 귀는 온통 2번 계산대 쪽에

쏠렸어요.

"이놈의 수박, 맛없어서 도대체 먹을 수가 없다니까!"

가만히 들어 보니 고객이 점심때 사 간 수박이 맛이 없다고 사 분의 일 쪽만 들고 와서 교환해 달라고 우기고 있어요.

'수박을 거저 가져가려는 속셈이 빤하네, 빤해.'

숙희 씨는 혀를 끌끌 찼어요. 이런 진상 손님을 한두 번 봤어야 말이지요.

"죄송합니다, 고객님. 교환도 환불도 안 됩니다. 죄송합니다."

미나 언니는 난처했어요. 아무리 설명을 해도 막무가내인 고객을 어찌해야 할지 몰라 쩔쩔매고 있었어요. 어쩌면 지난번 고객한테 뺨을 얻어맞았던 기억이 스멀스멀 되살아났는지도 몰라요. 그래서 무조건 고개를 숙이고 빌다시피 하고 있어요. 간신히 미소를 짓고 있지만 거의 울상이 되어 있었지요.

'저런, 저런, 못된 사람 같으니라고…….'

지켜보던 숙희 씨는 속이 상했어요.

그때였어요. 고객이 수박 쪼가리를 미나 언니 계산대에 홱 집어 던지며 호통을 쳤어요.

"아, 진짜 되게 미련하네! 눈치코치가 이렇게 없나? 그러니까 이런 데서 찍순이나 하지."

그러자 미나 언니는 아무 말도 못하고 두 손에 얼굴을 파묻었어요. 그런 언니를 보는 순간, 숙희 씨는 자기도 모르게 아랫입술을 질끈 깨물었어요. 눈자위가 파들파들 떨렸지요. 가만히 두고만 볼 수가 없었어요.

"어따 반말이야! 무조건 우기기만 하면 다 통할 줄 알아!"

순간 정적이 흘렀어요. 줄 서 있던 고객들이 숙희 씨를 쳐다봤어요.

"손님이 왕 할아비라도 모르겠다. 이런 돼먹지 못한 인간 같으니라고!"

그러자 아까 그 고객이 숙희 씨를 향해 고래고래 소리를 질렀어요.

"야, 넌 뭐야! 지금 나한테 반말했어? 이게 정말!"

그때, 이층 사무실에서 김 팀장이 허겁지겁 달려 내려왔어요.

"죄송합니다. 저희 직원이 잘못했나 본데 즉시 처리해 드리겠습니다."

김 팀장은 고객에게 '달고나 수박' 한 통을 안겨 주고 덤으로 오천 원짜리 상품권까지 건네주며 손님을 돌려 세웠어요.

그러면서 숙희 씨에게는 두 눈을 부릅뜨고 버럭 소리를 질렀지요.

"당신이 황미나 씨 변호사야? 아님 깡패야? 이런 식으로 하면 재계약 못할 줄 알아! 나가서 인사나 하세요!"

숙희 씨는 화장실 변기 뚜껑 위에 걸터앉아 혼자 중얼거렸어요.

"하느님, 부처님, 제가 불의를 보고도 참게 해 주세요. 변호사도 깡패도 아무것도 아닌 것이 남의 일에 주제넘게 나서지 않게 해 주세요. 그래서 마트에서 잘리지 않고 오래오래 근무하게 해 주세요. 다음번에도 다시 계약될 수 있게 해 주세요. 그래서 우리 아들딸 학원 보낼 수 있게 해 주세요······."

"숙희 씨, 거기서 뭐 해?"

'헉! 미나 언니다.'

"화장실에서 기도해?"

미나 언니의 목소리가 화장실 벽을 타고 넘어왔어요.

"아니요, 다짐하는 거예요."

"무슨 다짐?"

"······이렇게라도 안 하면 사는 게 비참해져서요."

"······."

지금 이 순간 숙희 씨는 맨날 싱글벙글 잘 웃는 숙희 씨가 아닌 것만 같았어요.

어쩐지 쓸쓸하게 느껴졌지요. 한없이 서글퍼졌어요.

"미안, 자기가 괜히 내 편 들었다가 징계 먹고……."

미나 언니는 화장실 손잡이를 만지작거리며 조심스럽게 말했어요.

"그리고 고마워."

"하하하, 언니도 참. 별걸 다 갖고 미안하다 고맙다 하네요. 같은 캐셔끼리 소심하게 그러지 맙시다, 우리!"

"그래도 고마워."

"언니, 남 볼일 보는데 문고리 잡고 지켜 서 있지 마시고요. 얼른 가서 저녁 식사 하시고 힘내세요."

"그래, 나 먼저 간다!"

미나 언니가 나가자 다시 화장실에 정적이 감돌았어요. 숙희 씨는 마트 건물에서 화장실이 제일 좋았어요. 고객한테도 상사한테도 동료한테도 방해를 안 받고 편히 쉴 수 있는 유일한 공간이거든요.

그때, 호주머니에서 휴대전화가 부르르 떨렸어요. 숙희 씨는 그제야 고객이랑 실랑이를 할 때부터 휴대전화가 계속 울려 댔던 것을 떠올렸어요.

"엄마, 나 열쇠 잃어버려서 집에 못 들어가. ㅠㅠ" pm 5:13

"쫌 있다 학원 가야 하는데 어떡하지?" pm 5:15

"전화 좀 받아!! 아빠도 오빠도 전화 안 받고……" pm 5:21

"내가 엄마한테 갈까? 열쇠 받으러~" pm 5:44

초등학교 6학년인 딸 은수가 열 통도 넘는 문자를 보내왔어요. 열쇠를 잃어버리고 어지간히 속이 탄 모양이에요. 숙희 씨는 곧장 답장을 보냈어요.

"뭐야? 칠칠치 못하게 열쇠나 잃어버리고." pm 5:45

자기도 모르게 퉁명스런 말이 툭 튀어나왔어요. 꼭 이래요. 마트에서 스트레스를 받은 날은 어김없이 식구들한테 화풀이를 해요. 한 번도 본 적 없는 낯선 사람들에게는 친절하게 미소 지어 주면서, 가장 가까운 식구들에게 화를 내게 되네요.

숙희 씨는 머리를 절레절레 흔들고 나서 다시 문자를 보냈어요.

"오지 마. 바빠서 정신없어! 오빠한테 다시 연락해서 해결해, 알았지?" pm 5:46
"응. ㅠㅠ" pm 5:47

숙희 씨는 문자를 보내고 나서 혼자 되뇌었어요.
"그래, 애들을 봐서라도 힘내자! 전숙희!"

숙희 씨는 세면대로 걸어가서 찬물을 한바탕 얼굴에 끼얹었어요. 물기가 뚝뚝 떨어지는 얼굴을 들어 거울을 똑바로 들여다보았어요. 마음이 한결 후련해지는 것 같았지요.

숙희 씨는 심호흡을 크게 한 번 하고 마트 입구 쪽으로 위풍당당하게 걸어 나갔어요. 거기에 서서 삼십 분 동안 인사를 하라는 징계를 먹었기 때문이지요. 숙희 씨는 씩씩하게 손님들에게 배꼽 인사를 시작했어요.

"저희 코리아 마트를 찾아 주셔서 감사합니다, 안녕히 가십시오!"

마트를 나서던 고객 서넛이 화들짝 놀라 뒤돌아봤어요.

"아우, 깜짝이야! 간 떨어질 뻔했잖아요!"

그러자 숙희 씨는 이빨을 하얗게 드러내며 능청을 떨었어요.

"목청이 커서 죄송합니다! 행복한 하루 되십시오."

카트 정리를 하던 박 군이 키득키득 웃으며 숙희 씨에게 브이 자를

날렸어요.

　고객들은 잠시 어이가 없다는 표정을 짓더니 금세 까르르 웃으며 멀어져 갔지요.

　숙희 씨 목소리가 쩌렁쩌렁 울렸어요. 저녁 시간이 한참 지난 마트가 다시 활기를 띠는 것 같았어요. 징계를 받았다 해도 상관없어요. 언제나 최선을 다할 뿐이지요.

호주머니에서 휴대전화 진동이 다시 울렸어요.

'아 참, 은수는 집에 들어갔을까?'

숙희 씨는 흘끔 휴대전화를 열어 봤어요.

"엄마, 특종! 특종! 오빠가 편의점 알바 한대!!!
내가 꼰지른 거 알면 나 죽어. @@
오빠한테 열쇠 받아서 학원 왔엉~." pm 7:02

앗, 숙희 씨는 그만 전화기를 바닥에 놓치고 말았어요.

"네 이놈의 자식을 그냥! 하이고, 하라는 공부는 안 하고……. 지 에미는 저 학원 보내려고 이 지랄을 떠는데! 허, 편의점 계산대에서 찍돌이를 하신다고!"

기가 막히고 복장이 터질 노릇이에요. 이 녀석을 당장 잡아 와야 할 텐데 퇴근 시간이 되려면 두 시간이나 더 남았어요.

방금 전 숙희 씨의 씩씩한 모습은 어디로 가고 자식 일이라면 작은 것에도 애가 타는 엄마 모습으로 돌아온 거예요.

숙희 씨는 전화기를 주우며 머리를 절레절레 흔들었어요.

가슴속에서 뜨거운 것이 스멀스멀 올라와 눈앞이 우렁우렁 흐려졌어요.

'석훈아, 그러지 마. 엄마는 그렇다 치고, 네가 왜 이 험한 일을…….'

순간 눈물이 왈칵 쏟아졌지요. 숙희 씨는 잔뜩 풀이 죽어 눈물을 훔쳤어요.

그런 숙희 씨 모습을 보고 미나 언니가 화들짝 놀라 달려왔어요.

"왜 그래? 무슨 일 있어?"

"아니에요, 그냥…… 쪽팔려서요."

"뭐가?"

"인사할 때마다 머리 뿌리만 허애가지고, 창피하잖아요."

미나 언니는 무슨 말인지 몰라 어리둥절해하다가 푸하하 웃음을 터뜨렸어요.

"야, 전숙희! 그딴 일 가지고 뭘 그래? 소심하게!"

"예에?"

"걱정하지 마. 그까짓 거 내가 새치 약 사다가 아주 깜깜하게 염색해 줄게."

"네에…… 고마워요, 언니!"

2번 계산대로 서둘러 돌아가는 미나 언니를 보며 숙희 씨는 목을 흠흠 가다듬었어요. 그리고 다시 마트가 떠나가라 큰 소리로 인사를 시작했지요.

"안녕하세요, 저희 코리아 마트를 찾아 주셔서 감사합니다!"

밤 아홉 시가 되면 숙희 씨는 마트를 빠져 나올 거예요. 온종일 마트에서 겪었던 일들은 언제 그랬느냐는 듯 까맣게 잊고 말이죠. 손가방에서 알이 커다란 구식 선글라스를 꺼내 쓰고 똥폼을 잡겠지요. 집에서 기다리는 가족들을 생각하며 커다랗고 묵직한 '달고나 수박' 한 덩어리를 들고 태연히 모퉁이를 돌아, 돌아 집으로 갈 거예요. 이 도시의 불빛 속을 휘적휘적 걸으며 가끔 밤하늘의 별을 올려다보며 "뭐, 인생 별거 있나. 사는 게 다 그런 거지 뭐, 까짓 거!" 혼잣말을 하다가 허허 너털웃음도 흘리겠지요. 어제처럼, 오늘처럼, 내일도 브라보!

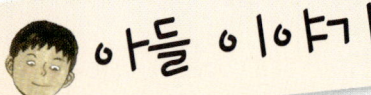

편의점 알바

최덕규 글·그림

알바의 '꽃'은 누가 뭐래도
편하고 쉽게 할 수 있는 편의점 알바 아닐까요?

저도 3개월째
평일 저녁 알바를 하고 있어요.

어서 옵쇼~.

편의점 아르바이트?
어렵지 않아요~.
편의점이니 계산이 중요해요.
수학을 못해서 걱정된다고요?

삐~

포스기로 바코드만 찍으면 돼요.
참 쉽죠잉~. 포스기가 뭐냐고요?
카운터에 있는 계산기예요.
딱 이틀이면 눈감고도 할 수 있어요.

삐~

거기 말고!
옆에!
왼쪽!

편의점엔 담배 찾는 손님이 많아요. 담배 이름을 외워 두면 좋아요.
백여 종밖에 안 돼요. 어렵다고요? 그럼 손님한테 직접 가져가라고 하면 돼요.

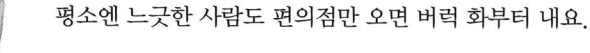

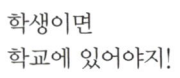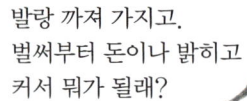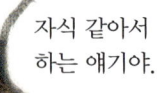

파라솔을 치워요. 손님은 먹고 남은
쓰레기를 절대 치우지 않아요.
알바가 심심할까 봐 배려를 해요.

아저씨는 박스만 내려놓고 사라져요.

밤 열한 시면
주문한 물건이 들어와요.

언제나 웃는 얼굴로 주유소에서,

늦은 시간까지 게임방에서,

신속 배달 중국집에서,
가장 열악한 조건으로 일해요.

하지만 일하는 게 힘들지 않은지?
최저 임금은 받고 있는지?
억울한 일은 없는지?
그런 걸 물어봐 주는 어른은 없어요.

그래요. 우리는 학생이니까요.
학생은 학교에 있어야만 하니까요……

 아빠 이야기

길 위의 아빠

박서영 글·그림

어이, 학생! 여기야 여기!

안녕하세요, 아저씨!
이제 부산으로 출발하는 거예요?

응, 짐 다 실었으니까 쭈—욱
달리기만 하면 되지. 자, 빨리 타!

이 청년은 일층에 하숙하는 김태희 학생의 친구다.

우아, 완전 높네요! 이렇게 높은 차는 처음 타 봐요. 무슨 놀이 기구 탄 거 같아요.
시야가 뻥 뚫려요. 아저씨 차 타고 달리면 우—워—우—워. 완전 멋지겠어요! 하하하.

그렇고말고. 자, 이제 출발하자고.

귀여운 청년이다.

근데 학생은 왜 내 차를 타겠다고 한 거야? 화물차가 타 보고 싶었어?

네! 타 보고 싶었어요. 태희가 얘기 안 드렸어요? 제가 『세상 모든 보통 사람들의 인터뷰』라는 책을 낼 거거든요.

그래? 나야 태희 학생을 만날 수나 있나. 집에야 일주일 만에 겨우 들어가서 가족들 얼굴도 빼꼼 보고 나오는걸. 그나마도 부족한 잠 자느라 애들이랑 놀아 주지도 못하고. 아빠로서는 빵점이지 빵점. 오죽하면 우리 딸내미 어렸을 때 학교에서 글짓기를 했는데 제목이 '잠만 자는 아빠'였다니까. 어쨌든 학생이 차 타고 싶다는 얘기를 집사람이 하길래 그러라고 한 거야. 부산까지 혼자 운전하고 가려면 졸리기도 하고 심심하기도 하고 그렇거든. 말동무할 사람 있으니 얼마나 좋아. 그나저나 학생, 작가였어? 몰랐네, 몰랐어.

아, 아직은 아니예요. 한 백 사람 정도 인터뷰 끝내면 출판사에 가지고 가 보려고요. 벌써 열네 분 인터뷰했어요. 아저씨가 열다섯 번째예요. 행운의 숫자 15!

누가 15가 행운의 숫자래? 크크. 별로 맘에 안 들어 난.

에이, 행운이라고 하면 다 행운이고 그런 거죠 뭐. 근데 뭐가 맘에 안 드세요, 아저씨?

'세상 모든 보통 사람들의 인터뷰'라니. 우리 직업이 얼마나 특별한데. 보통 사람들이 평생 가야 이렇게 큰 차 타 보기나 하겠어? 그리고 말야. 학생이 잘 모르나 본데 우리는 대한민국에 없어서는 안 될 엄청난 사람들이라고. 흠흠.

청년은 부스럭대며 가방에서 필기도구를 꺼낸다. 그러고는 녹음을 해도 되냐며 휴대전화를 만지작거리더니 녹음 버튼을 꾹 누른다.

오, 대한민국에 없어서는 안 될 엄청난 사람들! 이거 멋진데요. 근데 왜 엄청난 사람들이에요?

어허. 잘 들어 봐, 학생. 대한민국의 모든 물건은 우리가 실어 나르는 거거든. 커다란 철재서부터 하다못해 작은 이쑤시개 하나까지도 말이야. 우리가 있기 때문에 사람들이 동네에서 편하게 물건을 사고팔 수 있는 거야. 화물차 운전수들이 운전을 딱 멈추면 이 나라가 어떻게 되겠어? 그냥 '스톱'해 버리는 거야. 수출이 뭐야? 배까지 누가 물건을 실어 날러? 학생도 택배 많이 보내고 받지? 그거 다 누가 날라다가 다른 지방에 사는 사람 손에 딱 쥐여 줘? 그것도 하루 만에. 다 우리가 하는 거거든. 검사, 판사, 의사, 대통령, 이런 사람들만 대단한 게 아니야. 나는 우리가 더 대단하다고 생각해. 그럼, 대단한 화물차 운전수들이지. 암.

오오. 정말 그러네요! 하긴, 제가 인터뷰한 열네 분도 알고 보니 다 특별한 분들이었어요. 제가 인터뷰를 하며 느끼는 건데요. 세상에는 특별하지 않은 사람은 단 한 사람도 없는 거 같아요. 모두 대단해요. 그중에서도 아저씨는 최고예요, 최고!

학생처럼 이 세상도 우리를 좀 알아주면 얼마나 좋아. 휴.

무슨 일 있으세요?

내 한숨에 청년은 걱정스러운 얼굴로 나를 쳐다본다.

학생, 이 차가 얼만지 알아? 이 억이 넘어 이 억. 우리가 돈이 있어서 이 비싼 차를 굴리겠어? 돈이 없으니 이 차를 사서라도 돈 벌려고 하는 거지. 모르는 사람들은 우리가 큰 차 끌고 다닌다고 돈 많이 버는 줄 아는데, 한 달에 몇 백씩 차 할부금 갚고 나면 집에 쥐꼬리만 한 돈 겨우 가져다주거든. 십 년이 지나도 운송료는 그대로고 기름값만 계속 올라. 그러니 생활은 어려워지고. 운송료를 쥐고 있는 건 화주나 대형 운송업체인데, 우리 사정은 들으려고도 안 하니 한숨만 나오지. 할부금 다 갚으려면 아직 몇 년은 더 있어야 돼. 그동안은 아파도 안 되고 죽어서도 안 되는 거지. 내가 죽으면 이 빚 고스란히 우리 가족이 지게 되거든.

"일하다 다치시면 산재보험이나 뭐 그런 거 되잖아요."

"그럼 얼마나 좋겠어. 그런데 법에 우리는 노동자가 아니래. 이놈의 비싼 차 덕분에 사업자라는 거야. 우리끼리 사장님, 사장님 하고 부르지만 그 쓰린 속을 누가 알겠어? 대체 우리가 노동자가 아니면 누가 노동자야? 휴……. 우리는 아프거나 다쳐도, 차를 고쳐도 각자 알아서 해결해야 해. 그러니 하루하루 조심 또 조심할 수밖에. 졸릴 때는 나도 모르게 스르르 눈이 감기는데, 정말 아찔할 때가 한두 번이 아니야. 거의 밤에 운전하고 하루에 몇 시간밖에 못 자니까. 사람이 버티는 데도 한계가 있는 거지. 이 생활도 이제 익숙해져서 집보다 길이 편할 때도 많아. 휴게소가 집 같고. 이 차가 내 안방 같고."

띠리리링～ 띠리리링～ 전화벨이 울린다. '우리 딸'이라고 액정 화면에 뜬다.

"잠깐만 학생. 어이 딸내미! 무슨 일이야? 오빠가? 아……, 알았어. 아빠가 부산 가서 오빠한테 전화해 볼게. 엄마 폭발하지 않게 우리 딸내미가 잘 달래고. 그랴, 끊어."

"따님이세요? 저번에 옥상에서 본 적 있어요. 예쁘장하게 생겼던데요. 아주머니 닮았나 봐요. 하하. 아주머니도 아주 멋쟁이시고."

"하하. 나 닮아 예쁘지 무슨……. 가족만 생각하면 한없이 미안해져. 그런데 하도 길에서 생활하다 보니 어쩔 때는 아내보다 이 트럭이 더 편하다고 생각된다니까. 트럭은 나한테 잔소리 안 하고 보채지도 않고. 또 내가 다루는 대로 잘 굴러가 주고. 가족들이랑 늘 떨어져 있다 보니까 내가 가족들한테서 멀어지는 건지, 가족들이 나한테 멀어지는 건지 잘 모르겠어. 둘 다겠지 뭐, 휴～."

"왜 또 한숨이세요."

"응, 아들내미 때문에. 편의점 아르바이트를 하다 걸렸나 봐. 딸내미가 고자질한다고 나한테 전화한 거지. 집사람이 얼마나 속상하겠어. 공부나 잘해 주면 좋으련만."

"에이, 걱정 마세요! 저도 고등학교 다닐 때 편의점 아르바이트 해 봤어요."

"그래? 학생도?"

"그럼요, 그래도 이렇게 훌륭하게 잘 컸잖아요!"

"학생 진짜 훌륭한 거 맞아? 내가 보기엔 뭐 그냥 그런데. 하하. 농담이야 농담."

"그래도 아저씨, 아저씨는 이 세상에 없어서는 안 될 대단한 사람이라면서요. 아드님도 그런 아빠 닮아서 훌륭한 사람 될 거예요. 잘사는 게 중요한 게 아니라 제대로 사는 게 중요하죠. 아저씨는 정말 멋지세요, 진짜로요."

그렇지, 그렇지! 나처럼 훌륭한 사람. 하하. 내가 바라는 건 별거 없어. 몸이 아파도 사람답게 살 수 있는 거, 나 때문에 가족들이 힘들어지지 않는 거, 일한 만큼 대우받는 거, 그런 거지 뭐. 근데 이게 참 별거 아닌데, 그 별게 안 되는 세상이더라고. 우리 아들이나 딸은 나처럼 살지 않았으면 하는 게 솔직한 부모 심정이야. 아이들은 나보다 좋은 직업을 가지고 불안하지 않게 살았으면 좋겠어. 부모 마음이 다 똑같지 뭐.
그러려면 어쩌겠어? 오늘도 내일도 부지런히 달려야지. 우리 아이들을 위해서라면 고생 좀 하면 어때. 괜찮아.

• 쉬어 가는 계단 •
꽤 쓸모 있는 용어 사전

알아 보아요

감정 노동자 고객들과 직접 상대하기 때문에 좋은 감정만을 드러내려고 노력해야 하는 노동자들을 가리킨다. 영업사원, 전화 상담원, 백화점 판매원, 음식점 종업원 등 서비스업에 종사하는 사람들뿐만 아니라 목사, 변호사도 감정 노동자에 속한다. 자신의 감정과 상관없이 '기계적인 친절'을 반복해야 해서 정신적인 스트레스가 심하다.

구직자 일자리를 구하는 사람을 말한다. 세상은 넓고 할 일은 많다고 떠들어대던 사람이 있었지만, 그건 현실을 모르고 하는 얘기다. 일자리를 구하지 못해 어쩔 수 없이 베짱이처럼 먹고 놀아야 하는 사람들이 숱하다.

근로기준법 근로기준법은 사람을 써서 일하는 곳이라면 어디든 일하는 사람의 기본적인 생활을 위해 지켜야 할 법이다. 일주일에 몇 시간 이상을 일해서는 안 된다든가, 일한 대가는 반드시 정해진 날에 돈으로 줘야 한다든가, 15세 미만의 사람은 일을 시켜서는 안 된다는 내용 따위가 다 근로기준법으로 정해져 있다. 회사가 근로기준법을 지키지 않는 경우 노동자는 신고할 수 있다.

노동조합 나라에서는 회사에서 일하는 노동자들이 단체를 만들어 자신들의 이익을 보호하도록 법으로 정해 놓았다. 이 단체를 노동조합, 줄여서 노조라고 한다. 노조는 노동자들의 안전한 노동 환경과 안정된 생활을 만드는 데 힘을 기울인다. 노동자가 편안하면 회사도 좋을 텐데, 노조를 막으려는 회사가 많다.

무기계약직 정규직은 아니지만, 계약 기간을 정하지 않아서 정년 때까지 일할 수 있다. 임금이나 복지 수준은 정규직보다 낮으며, 계약직이기 때문에 언제든 해고할 수 있다. 모양은 정규직이지만, 내용은 비정규직인 셈이다.

비정규직 정규직이 아닌 경우를 일컫는 말이다. 일하는 기간을 정하거나, 임시로 일하거나, 필요할 때만 일하는 사람은 모두 비정규직에 속한다. 또 일자리를 소개하는 업체에 직원으로 들어가 다른 회사에 파견되어 일하는 사람도 비정규직이라고 한다. 비정규직이 점점 늘어나는 까닭은 회사 입장에서 당장 이익이 되기 때문이다. 임금은 적게 나가고, 언제든 해고할 수 있으니 회사로서는 좋을 수밖에.

아르바이트 이 말은 '노동·업적'을 뜻하는 독일어에서 유래했다. 본래에는 학생이나 노동자가 자신이 하는 일 이외에 수입을 얻으려고 다른 일을 하는 것을 말했다. 그렇지만, 요즘은 짧은 시간 계약된 기간만큼 일하는 것을 통틀어 아르바이트라고 한다. 본업 없이 아르바이트만으로 먹고사는 사람이 늘어나고 있다. 아르바이트도 반드시 근로기준법을 따라야 한다.

유령 유령은 눈에 잘 띄지 않는다는 속성을 빗대 비정규직 사람들이 스스로를 일컫는 말이다. 정규직으로 있는 사람들이 받는 혜택을 받지 못하고, 열심히 일하지만 아무에게도 인정받지 못하기 때문이다. 비슷한 말로 '투명인간'이 있다.

정규직 회사에 들어가 회사 규정에 따라 퇴직할 때까지 일할 수 있는 사람을 가리킨다. 대개 오래 일할수록 승진이 되고, 임금도 많아진다. 비정규직이 늘어나면서 정규직이 되는 게 대단한 일로 여겨지고 있다.

최저임금 나라에서 정한 기본이 되는 임금이다. 일한 사람에게 못 줘도 이 정도는 줘야 한다고 법으로 정한 금액. 해마다 금액을 높이고 있지만, 여전히 최저임금으로는 안정된 생활을 하기 어렵다. 최저임금 아래로 임금을 주는 경우 신고할 수 있다.

파업 노동자들이 자신들의 요구와 권리를 위해 일을 일시적으로 중단하는 행위를 말한다. 회사에서 제시하는 임금이나 노동 조건이 부당하다고 여겨질 때 노동자들이 대항할 수 있는 수단이다. 나라에서도 노동자의 권리를 위해 단체행동권을 보장하고 있다.

프리랜서 중세 서양에서 어떤 영주에게도 속하지 않는 기사들을 프리랜서라고 했다. 이들은 돈만 주면 어느 싸움터든 달려가 싸웠다. 나라나 영주를 지키려고 목숨을 거는 기사들과는 달랐다. 요즘에는 어딘가 소속되어 있지 않고, 자유롭게 일하는 전문인을 프리랜서라고 한다. 프리랜서들은 능력에 따라 일한 만큼 돈을 벌기 때문에, 용병이 싸움터에 나가는 자세로 치열하게 일해야 한다.

해고 일을 부리는 사람이 일하는 사람을 내보내는 것을 말한다. 나라에서는 정당한 사유 없이 멋대로 해고하지 못하도록 법으로 정해 놓았다. 해고를 다른 말로 '자른다'라고 표현하기도 한다. 사물을 동강을 치거나 끊어 내듯이 사람도 칼자루를 쥔 이들에게 속수무책으로 당해야 하기 때문일 것이다.

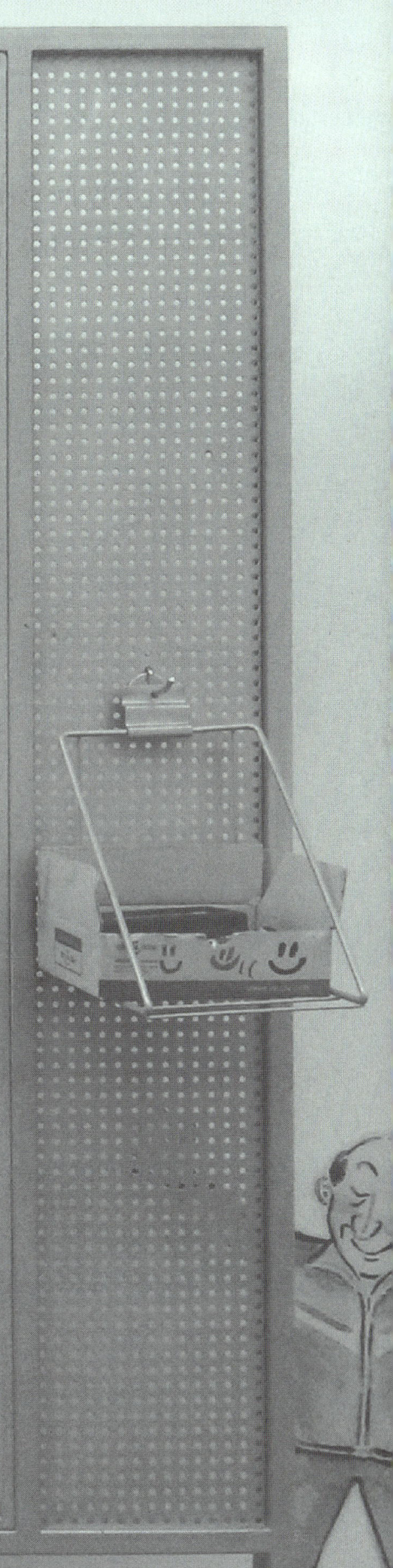

별스런 쫌스런 지구별 보고서

김해원, 양지안이 쓰고 최담이 그리다

- 우리는 우주 정보원이다.
- 우리는 우주의 평화를 위해 일한다.
- 우리는 맡은 일은 반드시 해내고 규율은 철저하게 지킨다.

우주 정보원이 하는 일

★ 더 나은 우주를 꿈꾸는 우주인들을 위한 정보를 모은다.
★ 모은 정보를 잘 정리해 보고서를 쓴다.
  – 어느 별 우주인이든 이해하기 쉽게 정리한다.
  – 정보와 관련된 사진이나 그림을 빠뜨리지 않는다.
★ 정리한 정보를 우주정보관리국으로 잽싸게 보낸다.
  – 우주정보관리국 전용 주파수를 이용한다.

우주 정보원의 다짐

★ 나는 자랑스러운 우주 정보원으로서 드넓은 우주의 평화를 위해
   먼지가 별이 되고 별이 먼지가 되도록 열과 성을 다해 정보를 모아
   널리 알릴 것을 굳게 다짐한다.
★ 우주 정보원은 어느 곳에, 어떤 모습으로 있든 자긍심을 갖고 명예를 지킨다.
★ 우주 정보원은 우주정보관리국의 명령에 따른다.
★ 우주 정보원은 모든 우주인을 평등하게 대한다. 생활환경이나
   겉모습만으로 상대를 부러워하거나 무시하지 않는다.

평화! 평화! 평화!

301호 가족 직업 분석도

엄마 신소영
39세. 출판 편집 디자이너이자 가정주부. 남편과 맞벌이를 하지만 집에서 일하는 탓에 집안일마저 혼자 도맡아 한다. 편집 디자이너 일이 들쑥날쑥해서 더욱 정신이 없다. 그저 일도 수입도 꾸준히 들어오길 바랄 뿐.

할아버지 강인식
30년 동안 기차를 몬 전직 기관사. 아직 신체 건강하고, 두뇌 활동, 감성 지수 모두 양호한데, 일자리 구하기가 쉽지 않아 사회 불만 세력이 되어 가는 중이다.

아빠 강만회
13년 동안 눈이 오나 비가 오나 하루도 빠지지 않고 성실하게 구청에 출근하는 공무원. 나라가 망하지 않는 한 해고될 염려가 없다는 공무원 자리를 평온하게 지키다 은퇴하는 게 꿈이다.

삼촌 강대희
직업이 뭐냐고 물으면 번역가라고 대답하지만, 사실 일하는 시간보다 노는 시간이 더 많다. 지구에서는 이런 사람을 '백수'라고 한다.

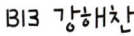

B13 강해찬
13년 전에 지구에 왔다. 강씨네 집안 쌍둥이 가운데 남자아이 노릇을 하고 있지만 사실은 우주의 평화를 위해 밤낮으로 깨알 같은 정보를 모으는 우주 정보원이다.

G13 강해담
B13 쌍둥이 여동생인 척하며 우주 정보원 활동을 한다. 우주에서는 상상도 할 수 없는 일들이 아무렇지도 않게 일어나는 통에 할 일이 많지만 사명감을 갖고 열심히 한다.

[지구별 코드 K33124 – G13, No. 1]
지구별 날짜 : 2012. 8. 10 보안 등급 : ★★★☆☆

강인식 일자리 찾기 대작전

강인식은 얼마 전까지 아파트 경비원으로 일했으나 해고되었다.(어떻게 해고되었는지 자세한 정보는 따로 정리해 보내겠다.) 그래서 현재 무직이다. 직장을 다니지 않는다는 말이다. 노인이니까 일을 하지 않아도 되지만, 그건 먹고살 만한 사람들 얘기다. 노인이라고 해서 나라에서 생활을 보장해 주지 않으니, 어쩌겠는가. 강인식 역시 용돈이라도 벌 생각으로 할 만한 일을 찾아다니고 있다. 하지만 요즘 지구별 코드 K33124에서는 젊은 사람들도 일자리 구하기가 쉽지 않은 판이라서 노인이 할 수 있는 일은 정말 많지 않다. 강인식을 모델로 지구별 코드 K33124에서 할 수 있는 일을 찾아보았다.

나이 67세 **건강 양호** 아침마다 약수터에 다니며 착실하게 건강 관리를 한다.
두뇌 활동 양호 싫고 좋고 의사 표명이 정확하다.
감성 지수 양호 술만 마시면 먼저 죽은 부인이 생각이 나서 이불 쓰고 운다.
활동 의지 충만 날마다 일자리를 구하러 나간다.
인생 목표 선명 얹혀사는 자식들 내쫓고 평화롭게 살고 싶어 한다.

강인식이 지구별에서 할 수 있는 일!

- 재빠르게 움직이지 않아도 되는 일 : 주차 관리원, 경비원
- 전문 지식이 필요 없는 일 : 대형마트 카트 정리원, 주유소 주유원
- 누구나 할 수 있는 일 : 지하철 택배원, 자동차 세차원, 방송 보조출연
- 젊은 사람들이 하지 않으려는 일 : 청소부, 간병인
- 돈벌이가 되지 않는 일 : 초등학교 급식 도우미

강인식이 우주에서 할 수 있는 일!

- 직업 경력을 살릴 수 있는 일 : 우주 기차 설계자, 우주 기관사 교육자
- 젊은이들보다 잘할 수 있는 일 : 외계인 통역사, 우주 생물 분류사
- 인생 경험이 필요한 일 : 학생 상담사, 부부 상담사
- 즐겁게 할 수 있는 일 : 우주여행 해설가, 사진작가, 영화감독

[지구별 코드 K33124 – B13, No. 2]
지구별 날짜 : 2012. 8. 12 보안 등급 : ★★★★☆

지구별 노인 일자리 심층 분석

지구별 코드 K33124에서 노인들이 흔히 얻을 수 있는 일자리를 비교 분석해 보았다. 취재에 응해 주신 지구인들에게 전 우주인 대표로 감사드리는 바이다!

오토바이로 배달하냐고? 천만에!
내가 배달하는 건 짜장면이 아니라 인공 치아야.
전문 용어로 보철이라고 하지. 남의 입속에 들어갈 것을 거칠게 다뤄서는 안 되지.
지하철과 버스를 타고 고이 모셔다가 치과에 안전하게 배달하지. 큰 기술 없이 편하게
할 수 있는 일 같지만, 꼭 그렇지만도 않아. 하루 종일 무거운 가방을 들고 차를 타고
다녀야 해서 무척 힘들지. 나이 들면 몸이 천근만근이거든. 내가 아는 친구는 치과로 배달하다가
쓰러졌는데, 일하는 기공소에서 아무런 보상을 안 해 주더라고.
오토바이 배달하다 다친 친구들이 산업재해로 인정을 못 받는 거나
마찬가지인 거야. 배달민족이 이러면 안 되는 거 아냐?
아, 젊은 사람들에게 부탁하고 싶은 말은 노인들도
일하느라 지하철, 버스 타는 경우가 많으니까 자리 좀
양보하란 말이지. 시간은 흐르고 사람은 누구나
늙는다는 걸 기억해야 해.

기공소 배달원

기공소는 치과에서 주문한 인공 치아를 만드는 곳.
기공소 배달원은 주문 받은 치아가 완성되면 치과에
갖다 주는 일을 한다.

새벽 다섯 시에 출근해서 청소를 해. 그 시간에 버스나 지하철을 타는 사람들은 다 청소 일을 하더라고. 청소하는 사람들은 다른 사람들이 나오기 전에 깨끗하게 청소를 해 놓아야 하거든. 화장실, 계단, 복도, 사무실까지 청소하면 허리를 펼 틈도 없이 하루가 가 버리지. 틈틈이 어디 앉아 쉬려고 해도 그럴 만한 곳이 없어. 점심때 도시락 먹을 곳도 마땅하지 않은데 뭐. 화장실에 빗자루와 대걸레를 넣어 두는 좁은 곳에서 먹거나, 보일러실 귀퉁이에서 해결해야 해. 빌딩에 휴게실이 있지만, 거기는 우리가 쉴 곳이 아니야. 청소하는 사람은 눈에 띄지 않길 바라는 거지. 그렇게 힘들게 일하면서도 불평 한마디 안 했는데, 계약이 끝났다고 해고하겠다지 뭐야. 우리를 빗자루 같은 청소 도구처럼 우습게 여기는데, 가만히 있을 수 없지. 청소 노동자들이 다 힘을 합쳐 우리를 함부로 하지 못하도록 노조를 만들어 싸울 거야. 우리가 누구야? 청소 노동자잖아. 건물만이 아니라 나쁜 세상도 깨끗하게 청소해야지!

빌딩 청소 노동자

큰 빌딩 청소 노동자는 대부분 나이가 많은 아주머니들이다. 간혹 나이 든 아저씨도 있지만, 이분들은 청소 기계 다루는 일을 한다.

한 아파트에서 십 년 넘게 경비원 일을 했어. 아파트 주민들을 가족처럼 잘 알지. 경비원이라고 경비실에서 경비만 서는 건 아니야. 아파트 단지 청소하고, 화단 관리하고, 분리수거한 쓰레기 정리하는 것도 다 경비원 일이야. 아, 그런데 우리 아파트에서 경비원의 3분의 2를 멋대로 감시 카메라 같은 보안 시설로 대체하겠다지 뭐야. 그걸 자동 경비 시스템이라고 하던데, 경비원 월급 주는 것보다 돈이 덜 들어서 아파트 관리비가 아주 많이 줄어든다나. 하루아침에 일자리에서 내쫓기게 생겼지 뭐야. 그래서 요즘 우리 아파트 경비원들은 주민들한테 잘 보이려고 아주 난리야. 해고되지 않으려고 말이야. 나도 태연하게 지켜볼 수는 없잖아. 주민들 나이가 많건 적건 보기만 하면 저절로 허리가 90도로 꺾여 인사를 하게 되더라고. 선거 때 정치인들이 하듯이 말이야. 하지만 정치인은 당선만 되면 고개를 빳빳하게 세우고 다니잖아. 우리는 해고되지 않고 살아남는다고 해도 또 언제 해고될지 몰라 그럴 수가 없어. 이러다가 경비원들 목 디스크에 걸리는 건 아닌지 몰라.

아파트 경비원

남자 노인이 도시에서 가장 쉽게 구할 수 있는 일자리다. 그렇지만 이 일도 나이 제한이 있어서 65세가 넘으면 채용되기가 어렵다.

나는 구청에서 소개를 받아 주유원으로 일하게 되었지. 여기 오기 전에 주유원 교육도 받았어. 차에 기름을 어떻게 넣어야 하는지, 차 종류에 따라 어떤 기름을 넣는지, 손님은 어떻게 대해야 하는지 다 배웠다 이거야. 그런데도 노인들이 주유원으로 일하기는 쉽지 않아. 노인이라 행동이 느리니까 손님들이 좋아하지 않거든. 손님들이 싫어하니까 주유소 사장도 꺼리지. 사장들은 학생들 아르바이트를 더 좋아해. 학생들이 힘 좋고 빠르고 잘 빠진 스포츠카라면, 노인은 오래 달려 낡은 구식 자동차 같으니까. 요즘은 젊은 사람들도 일자리를 못 구해서, 옛날에는 나이 든 사람들이나 하던 일까지 넘보더라고. 미안하지, 젊은 사람들하고 경쟁한다는 게. 어서 나라에서 젊은 사람들한테 걸맞은 일자리를 만들어 줘야 하는데 말이야.

주유소 주유원

주유소에서 자동차에 기름을 넣어 주는 일이다.
지구별 코드 K33124는 자동차 1천 8백만 시대가 되면서
세 명당 한 명 꼴로 자동차를 갖고 있으니, 주유원 자리는
차고 넘치지 않을까?

[지구별 코드 K33124 – G13, No. 3]
지구별 날짜 : 2012. 8. 20 보안 등급 : ★★★★☆

누가 범인일까?

사건 개요

강인식은 아파트 경비원으로 취직한 지 일 년 만에 그만둬야 했다. 좋게 말하면 그렇고, 여기 지구인들 말로 하면 '짤렸다'. 강인식이 열심히 일을 하지 않아서가 아니다. 강인식은 일 년 동안 결근 한번 하지 않고 성실하게 일했다. 지구별에서 해고를 당하는 이유는 대개 '경영 악화'다. 할 일도 없고, 줄 돈도 없으니 일을 그만두고 집으로 가라는 거다. 그렇다면 강인식도 같은 이유로 해고당한 걸까?

"늙고 힘없는 사람이라 당하는 거지."

강인식은 해고당한 이유를 이렇게 얼버무렸지만, 우리는 강인식이 왜 해고를 당했는지, 누가 해고한 건지 낱낱이 밝혀 보았다.

사건 관련자

다음은 강인식의 해고와 관련 있는 사람들이다. 이들 중 강인식을 해고한 범인이 있다는 게 B13과 G13의 생각이다.(사건 관련자들의 인권 보호를 위해 가명을 쓰기로 한다.)

❶ 이 사람은 아파트 주민 대표다. 아파트 주민 대표로 입주자 대표회의에서 경비원의 수를 줄이기로 결정하는 데 적극 나섰다. 입주자 대표회의에서는 경비원을 줄이는 대신 자동 경비 시스템을 설치하기로 의견을 모았다.

"알아보니 자동 경비 시스템이 훨씬 돈이 덜 들더라고. 경비원들은 때가 되면 월급을 올려 줘야하지만, 기계는 월급 더 달라고 하지도 않잖아?"

❷ 이 사람은 자동 경비 시스템 회사 직원이다. 전국에 있는 모든 아파트 단지에 자기네 회사 자동 경비 시스템을 설치하는 게 꿈이라고 한다.

"우리 회사 제품으로 말할 것 같으면 초일류 기업의 첨단 과학이 만들어 낸 지상 최고의 경비 시스템이란다. 카드로만 열 수 있는 현관문과 완벽한 감시 카메라를 설치해서 아파트 보안을 아주 철저하게 하지. 너희 쌍둥이는 어느 아파트 사니?"

손자동 사원

나성원 국회의원

❸ 이 사람은 국회의원이다. 전국 경비원들의 임금을 최저임금에 맞게 줘야 한다는 법을 제안했다. 국회의원은 만나기 어려워서 신문 기사를 인용했다.

"관리비가 오르더라도 경비원들의 안정된 생활을 보장할 수 있도록 최저임금을 보장해 주자는 게 제 생각입니다. 그런데 최저임금 맞춰 주기 싫어서 아파트마다 경비원들을 해고하지 뭐예요. 그 바람에 경비원들이 최저임금을 반대하고 나섰어요. 오랜만에 좋은 일 좀 하려고 했더니……."

❹ 이 사람은 아파트 관리소 소장이다. 아파트 주민들의 평가를 바탕으로 경비원 해고자 명단을 직접 작성했다고 한다. 그렇지만 주민들은 그런 평가를 한 적이 없다고 말했다.

"나라에서 경비원들 최저임금을 적용하면 아파트 관리비가 아주 많이 오르거든. 그러니 어쩌겠어. 사람 대신 기계를 써야지. 늙은 경비원들은 점점 설 자리가 없어. 소장 자리야 끄떡없지. 이건 전문직이잖아."

박기만 소장

사건 결과

B13과 G13은 우주 정보관리국에 요청한다. 어서 빨리 강인식을 해고한 범인을 우주 정보관리국에서 현상 수배 해 주기 바란다. 해고할 경우 해고자의 안정된 생활을 나라에서 보장하는 제도가 없는 한, 해고는 그야말로 무서운 폭력이기 때문이다. 우주의 평화를 지키려면 이런 폭력부터 엄하게 처벌해야 한다.

[지구별 코드 K33124 – B13, No. 4]
지구별 날짜 : 2012. 8. 23 보안 등급 : ★★★★☆

공무원 강만희와 공무원 나조건

강만희는 구청에서 일하는 공무원이다. 301호에서 유일한 정규직이다. 큰 사고만 치지 않으면 나이 들어 일을 그만둬야 할 때까지 계속 구청에 다닐 수 있다. 지구별 K33124에 사는 꽤 많은 아이들이 커서 강만희 같은 공무원이 되고 싶다고 한다. 왜냐면 월급도 꼬박꼬박 나오고 해고될 염려가 없어서라나. 지구별 K33124 아이들은 꿈이 참 소박하다. 그렇지만, 구청에서 일한다고 해서 나이 들 때까지 안정된 월급을 보장받는 것은 아니다. 구청에서 일하는 사람 중 많은 사람이 비정규직이다. 비정규직은 공무원보다 월급도 훨씬 적고, 또 계약이 끝나면 그만둬야 한다. 강만희가 일하는 부서에도 비정규직인 나조건이 있다. 강만희와 나조건은 도시경관과에서 일한다. 도시경관과는 쉽게 말하면 도시를 예쁘게 꾸미는 일을 하는 곳이다. 자세히 말하면 거리에 현수막이나 간판을 어떤 크기로 어떤 모양으로 할지 결정하고, 이를 지키도록 감시하는 역할을 하는 곳이다. 이곳에서는 멋대로 현수막을 걸거나 벽보를 붙이면 벌금 물리는 일도 한다.

그럼, 정규직 강만희와 비정규직 나조건은 어떤 차이가 있는지 알아보자. 아무래도 비정규직은 월급을 적게 받으니 나조건은 일을 덜 하지 않을까?

강만희는 아침에 출근해 컴퓨터를 켜면서 하루를 시작한다. 일과 관련된 메일을 꼼꼼하게 읽으면서 그날 처리할 일을 머릿속으로 생각한다. 아마도 먹는 걸 좋아하는 강만희는 점심시

오전 9시 출근 시간에 맞춰 출근한다.
오전 9시 20분 커피 한잔 마시면서 컴퓨터를 켠다
오전 10시 30분 결재받을 문서를 작성한다.
12시 점심을 먹는다.
오후 2시 현수막 설치 신청과 간판 설치 신청을 접수한다.
오후 4시 열심히 일한다.
오후 6시 퇴근을 준비한다.
오후 7시 부서 회식을 한다. 나조건한테 연락한다는 걸 깜박 잊었다.

공무원 강만희

간에 뭘 먹을지도 생각할 것이다. 아무튼, 강만희는 아침 내내 열심히 일한다. 윗사람에게 보고할 문서나 다른 기관에 보낼 문서를 쓰고, 정리하다 보면 벌써 점심시간. 점심을 먹고 나면 강만희는 현수막을 걸거나 간판을 설치하겠다고 신청한 신청서를 정리한다. 그러고 나서 이런저런 계획서를 만들다 보면 하루가 간다.

나조건은 강만희와 똑같은 시간에 출근한다. 사무실에 들어와서 가장 먼저 하는 일은 역시 컴퓨터를 켜는 것. 메일도 확인하고, 그날 할 일이 뭔지 생각하고, 윗사람에게 보고할 문서도 작성한다. 점심시간 이후에는 차를 타고 거리를 돌아다니면서 신고하지 않은 현수막이나 간판을 가려내 벌금을 물린다. 나조건은 잠시 차를 세워 놓고 빈둥대고 싶은 생각도 있지만, 절대로 그러지 않는다. 혹시나 그랬다가 들키면 일자리를 뺏길 수도 있기 때문이다. 비정규직이기 때문에 더 열심히 해야 한다. 나조건은 강만희와 똑같은 시간에 퇴근한다. 가끔 사무실에 들어오지 않고 곧장 퇴근하는 일도 있다. 한번은 도시경관과 사람들이 함께 저녁을 먹는다는데, 연락을 받지 못해 참석하지 못했다. 그럴 때면 나조건은 생각한다.

"내가 비정규직이라 챙겨 주지 않는구나."

나조건의 생각이 맞는지 틀린지 알 수 없지만, 많이 먹는 강만희는 한 사람이 빠지면 제 몫이 늘어난다고 좋아했을 것이다.

오전 9시 출근 시간에 꼭 맞춰 출근한다.
오전 9시 20분 컴퓨터를 켜고 커피를 마신다.
오전 10시 30분 결제받을 문서를 작성한다.
12시 점심을 먹는다.
오후 2시 차를 타고 시내를 돌며 현수막과 간판을 단속한다.
오후 4시 열심히 일한다.
오후 6시 퇴근을 준비한다.
오후 7시 부서 회식이 있는 줄 모르고 퇴근한다.

공무원 나조건

[지구별 코드 K33124 – G13, No. 5]
지구별 날짜 : 2012. 8. 30 보안 등급 : ★★★★★

눈물 젖은 공무원을 아는가?

지구별 코드 K33124 공공기관에서 일하는 비정규직은 서러운 일이 아주 많다. 그들이 어떤 일을 겪는지 간략하게 정리해 보낸다.

"일 년을 일해도, 십 년을 일해도 월급이 똑같다. 경력을 인정받지 못한다."
〈초등학교에서 일하는 조리사〉

"행사 기념으로 만든 만년필인데, 비정규직 공무원들한테는 차례가 안 왔어. 그깟 만년필 탐나진 않지만, 솔직히 서럽더라고."
〈공공기관에서 일하는 계약직 공무원〉

"내가 전화를 받으면, 직원을 바꾸라고 한다. 나도 직원인데 말이다. 나는 유령 직원인가?"
〈공공기관에서 일하는 무기계약직 공무원〉

"기간제 선생님이라고 하면 아이들도 말을 잘 안 들어. 비정규직을 차별하는 우리 사회가 아이들을 그렇게 만든 거야."
〈중학교 기간제 선생님〉

"예전에는 시청에 소속되어 있었지. 그런데 시청에서 민간 회사에 일을 맡기는 바람에 계약직으로 바뀌었어. 월급도 줄고, 일도 더 힘들어졌지. 청소를 끝내고 와도 씻을 곳이 없지만 회사에 얘기도 못해. 그만두라고 할까 봐."
〈민간 위탁업체에서 일하는 환경미화원〉

추신 : 지구별 코드 K33124에서는 편을 가르고 나눠서 차별하는 게 흔한 일이 되고 있다. 어른들이 이렇게 차별하는 걸 당연하게 생각하면서, 학교 왕따 문제가 심각하다고 경찰까지 나서고 있다. 우주 정보관리국에서는 지구별 코드 K33124의 문제를 심각하게 다뤄 주길 바란다.

[지구별 코드 K33124 – B13, NO. 6]
지구별 날짜 : 2012. 9. 3 보안 등급 : ★★★☆☆

남자, 여자, 그리고 일하는 엄마

지구별의 성별은 둘로 나뉜다. 남성, 여성. 생물학적으로는 그러하나 사회적으로 볼 때는 조금 다르다. 지구별 코드 K33124에서 여성이 결혼을 하고 자식을 낳으면 새로운 특징을 갖게 된다. 이에 어떤 사람들은 지구별 코드 K33124에는 세 가지 성이 있다고 말한다. 바로 남자, 여자, 아줌마다.

아줌마의 특징을 한마디로 표현하자면 '억척스럽다'이다. 이 말은 어떤 어려움에도 꺾이지 않고 끈질기게 버틴다는 뜻이다. 아줌마 가운데에서도 직업이 있는 사람은 더욱 억척스러워서 '슈퍼우먼'이라 불리기도 한다.

초능력이라고는 눈곱만큼도 없으면서 슈퍼우먼으로 살아가는, 직업이 있는 아줌마는 어떤 사람인지, 신소영을 통해 알아본다.

신소영은 가정주부다.

신소영은 십오 년 전에 강만희와 결혼해 쌍둥이 남매를 낳았다. 현재 시아버지를 모시고 다섯 식구가 한집에 산다. 시아버지와 남편은 집안일에 별 관심이 없다.
지구별 코드 K33124에서는 아이를 낳고 기르는 일뿐만 아니라 그 밖의 집안일을 거의 여자가 도맡아 한다. 여자에게 직업이 있거나 없거나 마찬가지다. 이따금 다른 식구들이 도와주지만 그건 어디까지나 '도와주는' 것일 뿐이다. 집안일의 모든 책임은 가정주부가 맡고 있다.

신소영은 출판 편집 디자이너다.

편집 디자이너는 책을 보기 좋게, 읽기 좋게 만드는 일을 한다.
신소영은 출판사에 다니다 쌍둥이를 낳은 뒤에 직장을 그만두고 집에서 작업한다. 그러다 보니 집안일을 할 때는 편집 디자인 일이 생각나고, 편집 디자인 일을 할 때는 미뤄 둔 집안일이 걸린다. 편집 디자인 일이 많을 때는 일하느라 힘들고, 일이 없을 때는 수입이 없어 걱정이다. 편집 디자이너와 가정주부 역할을 동시에 잘해 내야 하는 신소영은 자기도 모르는 사이 슈퍼우먼이 되어 가고 있다.

[지구별 코드 K33124 – G13, NO. 8]
지구별 날짜 : 2012. 9. 10 보안 등급 : ★★★★☆

프리랜서 편집 디자이너의 하루

아래는 신소영의 일과를 정리한 것이다. 이것은 어느 특별한 날의 일과가 아니다. 이와 같은 일이 날마다, 십 년째 되풀이되고 있다. 지구별 코드 K33124에서는 이 정도는 되어야 '일 좀 한다'는 소리를 들을 수 있다.

오전 6시
알람 소리에 화들짝 놀라 잠에서 깬다. 부리나케 아침상을 차려 놓고 남편과 아이들을 깨운다.

오전 8시
시아버지와 남편이 밖에 나간 뒤에 서둘러 설거지에 집안 청소를 하며 세탁기를 돌린다. 아이들에게 자기 방은 자기가 치우라고 야단친다.

오전 10시
B출판사에서 전화가 온다. 지난번에 넘긴 책 표지 색깔이 아무래도 이상하다며 인쇄소에 가서 확인해 달란다. 버스를 갈아타고 인쇄소로 간다.

오전 12시
C출판사에서 까다롭고 급한 일을 맡긴다. 돈 생각에 거절하지 못하고 하기로 한다.

오후 2시
같은 일을 하는 친구와 늦은 점심을 먹는다. 주고받는 이야기는 주로 출판계가 어렵다는 이야기다.

오후 4시
편집자 소은 씨가 전화해 아직도 작업비를 받지 못했다며 하소연한다. 오래전에 소액재판을 해 본 기억이 떠오른다. 애써 일해 주고 돈을 못 받는 것만큼 속상한 일은 없다.

오후 6시
예쁘고 화려하기보다는 따뜻함이 느껴지는 책을 만들고 싶은데 마음처럼 되지 않는다. 이렇게도 해 보고 저렇게도 해 보지만 성에 차지 않는다.

오후 8시
저녁을 차려 식구들과 먹는다. 일 진도가 늦어 마음이 편치 않지만 식구들과 함께하는 시간도 소중하다.

오후 10시
밤새 마쳐야 할 일을 훑어본다. 만만한 양이 아니다. 아이들을 야단쳐 재우고 일에 몰두한다.

새벽 2시
시간은 빠르게 흘러가는데 작업 진도는 더디다. 뒷목이 뻣뻣하고 눈꺼풀이 무겁다.

끙끙, 프리랜서의 속사정

신소영이 편집 디자이너로 일하다 알게 되어 친하게 지내는 사람들의 이야기이다. 다들 신소영과 비슷한 처지라 이야기가 잘 통하지만 자주 만나지는 못한다. 그럴 여유가 별로 없기 때문이다.

출판사 편집자

나는 요즘 출판사로 출근해 일한다. 하지만 정식 직원은 아니다. 이 출판사에서 새로 준비하는 시리즈물에 일손이 달려 육 개월 동안 출근하게 되었다. 그리 많은 월급은 아니지만 다달이 꼬박꼬박 나올 돈이 있어 다행이다.

아침 회의 때 팀장님이 편집이 잘되었다고 소개한 책 가운데 하나가 지난번에 내가 작업한 책이었다. 선뜻 내가 작업한 책이라고 말하지 못했다. 편집자 이름에 내가 없기도 하고, 그 일을 생각하면 속이 상해 모르는 척 넘기고 싶었다.

사실 그 일은 내가 직접 받은 일이 아니다. 선배 편집자가 맡은 일을 내가 하게 된 거다. 마감이 얼마 남지 않았을 때 일을 받아서 날밤을 새워 가며 어렵게 작업했다. 그런데 아직 작업비를 받지 못했다. 출판사에서 결제를 해 주지 않아 일을 넘긴 선배 편집자도 곤란해하고 있다.

그 일만이 아니라 프리랜서 편집자는 대개 일을 넘기고 나서 몇 달 뒤에야 돈을 받는다. 그나마도 약속한 때에 주지 않고 자꾸 미루는 경우가 많다. 어렵게 일하는데 일한 대가는 바로 받았으면 좋겠다.

이번 일은 제때 받을 수 있겠지? 그나저나 글 작가는 왜 원고를 안 주는 걸까? 다그치기 전에 주면 좋으련만.

글 작가

예나 지금이나 예술가는 배고픈 직업이라고 한다. 다른 사람에게 간섭받지 않고, 자유롭게 창작 활동을 하는 대가로 안정된 수입은 포기해야 한다. 어느 분야에서든 마찬가지겠지만 작가도 몇몇은 큰돈을 번다. 그러나 상당수는 글만 써서 생활하기 어려워 또 다른 직업을 갖고 있는 이가 많다. 글만 써서 생활하는 전업 작가의 절반에 가까운 37%가 일 년에 한 푼도 벌지 못한다는 조사 결과도 있다.

타고난 재능이라 생각하고, 글 쓰는 일이 좋아 이 일을 하고 있지만 하루 종일 컴퓨터 앞에 앉아 있어도 한 줄도 못 쓰는 날도 있다. 재미난 이야기가 떠오르지 않아서, 글이 안 풀려서 그렇기도 하고, 돈 걱정 때문에 일이 손에 안 잡히기 때문이다. 이 년 전에 넘긴 원고가 여태 출판되지 않고 있다. 책이 나와 팔려야 수입이 생기는데 책이 나오지 않으니……. 그림이 안 나와 그렇다는데, 그림 작가는 뭐 하느라 일을 안 넘기는 걸까?

그림 작가

벌써 몇 번째인지 모르겠다. 편집부에서 기껏 회의를 해 놓고도 작업해 가면 이게 아니라며 뒤엎는다. 좋은 책을 만들기 위해 그러는 거라고 이해하려 하지만 이번 일은 너무 심하다. 우리 같은 프리랜서들은 시간이 재산인데 이 일 하나에 시간을 다 빼앗기니 화가 난다. 더구나 이번 일은 매절 계약이어서 책이 잘 팔려도, 내 그림으로 캐릭터 상품이 만들어져 인기를 끌어도 내 수입은 늘지 않는다. 그렇다고 맡은 일을 소홀히 할 수도, 언제까지 이 일만 붙잡고 있을 수도 없고……. 정말 이러지도 저러지도 못하는 터라 답답하다.

더는 못하겠다고 확 그만 둘까 싶기도 하지만 이제 와서 안 하겠다고 하기에는 그동안 들인 시간도 아깝고, 계약금 받은 게 걸리기도 한다. 서로 의견이 다를 테니 계약 해지도 쉽지 않을 게 뻔하니까. 그러는 데 신경 쓰는 대신 일을 잘 마치는 게 좋으리라 마음을 다독일 수밖에. 아, 이 일은 도대체 언제 끝날까?

별별신문

서울 19~27℃ 경기 18~26℃ 2012년 9월 17일 월요일

[특파원의 별스런 특집]

출처-비정규직 없는 세상 다음 카페

대한민국에서 직장 구하기, 우주인들의 현명한 선택 요구된다

지구별에 있는 나라 대한민국(지구별 코드 K33124)에서 직업을 구하려면 우선 정규직인지, 비정규직인지를 따져 봐야 한다. 정규직은 언제까지 일할지 기간을 정하지 않지만, 비정규직은 일하는 계약 기간을 명확하게 정해 놓는다. 만약에 비정규직이 되면 계약 기간이 끝나는 순간 더 일을 하고 싶어도 할 수 없다. 또 정규직과 똑같이 일하고도 돈을 적게 받으며, 안전과 생활을 보장하는 제도에서 완전히 제외된다. "노동에 관해 노동자의 권리를 완벽하게 보장해야 한다"는 우주 평화법에 어긋나도 한참 어긋나는 일이다.

그런데도 대한민국에서는 점점 비정규직이 늘고 있다. 왜 그럴까? 대한민국 기업과 정부는 그 이유를 한목소리로 말한다. "노동의 유연성을 살려 경제를 발전시키기 위해서!" 무슨 말인지 모르겠다고?

대한민국 우주 정보원의 조사 결과 이 말은 "기업이 세계 기업들과 경쟁하기 위해 노동자들의 임금을 낮추고, 쉽게 해고하기 위해서!"라고 해석할 수 있다. 대한민국 정부는 기업의 못된 속셈을 뻔히 알면서 적극 지지하고 있다. 기업이 잘되어야 나라가 잘산다나.

국민 대부분 비정규직으로 일하면서 어렵게 살아가는데, 나라가 잘산다는 건 무슨 말인지 알 수가 없다.

기자는 우주인들이 대한민국에서 일자리를 찾는 걸 권장하지 않는다. 만약 어쩔 수 없이 일자리를 구해야 한다면 비정규직은 선택하지 마라. 그 순간 우주인의 기본 권리는 송두리째 빼앗기는 것이니까!

별별신문

[별걸 다 물어봐!]

비정규직, 어떻게 생각하나?

별별신문사에서는 우주의 각 별나라에 나간 특파원들을 통해 '대한민국의 비정규직'을 우주인들은 어떻게 생각하는지 의견을 물어보았다. 인터뷰에 적극 응해 주신 우주인들에게 진심으로 감사드린다.

아라비아별 345678 씨
14, 15, 92, 65, 35, 89, 79, 32, 27, 13, 57, 33, 38, 17, 26, 46, 26, 46
("지구별이 비정규직이라고 생각해 봐요. 계약 기간이 끝나면 태양계에서 추방될 거라고 하면 살맛이 나겠어요. 말도 안 돼! 말도 안 돼!")

꾸물꾸물별 ☆◎≫≪◇ 씨
▲▽◎◆◇∵≪≫◎★☆∴◇≫∨∧▼□∴∞
("우주의 시간은 아주 깁니다. 일하는 기간을 정해 계약한다는 게 이해가 안 되는군요. 그 별에서는 계약 기간을 몇만 년으로 정하나요?")

소심왕소심별 $10^2 + 11^2$ 씨
$10^2 + 11^2 + 12^2 \neq 17^2 + 19^2 + 15^2$
("같은 작업실에서 똑같은 일을 하는데, 정규직인지 비정규직인지 나눠 차별한다는 말 듣고 정말 상처 받았어요. 슬퍼요.")

모두싸울아비별 $\sqrt{\neg} \parallel \uparrow$ 씨
$\sqrt{} = \Uparrow \sqrt{} \vee \wedge \sqrt{} \searrow / \sqrt{} \uparrow$
("권리는 그냥 얻어지는 게 아닙니다! 싸워야 합니다. 우리 별로 말할 것 같으면 '싸움의 기술 연구소'가 있어 원하기만 한다면 지구별로 연구원을 보낼 수도 있습니다.")

〈인터뷰에 응해 주신 우주 정보원들께는 '지구별 대한민국 비정규직 한 달 체험' 티켓을 보내드립니다. 체험할 때 발생하는 육체적, 정신적 피해는 우리 신문사에서 책임지겠습니다.〉

우주 평화를 수호하는 우리는 '비정규직' 노동 차별을 규탄한다!

우주의 자유와 평화를 수호하는 것은 우주인이 지켜야 할 기본 의무이다.
우주의 자유와 평화는 모든 우주인의 동등한 권리를 인정하는 데서 비롯된다. 생김새, 언어, 자연환경이 다르더라도 우주의 모든 생명체는 존중받고 보호받을 권리가 있다. 이것이야말로 우주의 가장 중요한 법칙이다. 지구별 또한 우주 태양계에 속한 별로서 우주의 법을 준수해야 한다. 하지만, 지구별 대한민국은 노동자를 정규직과 비정규직으로 나누어 차별을 일삼으며 우주인의 권리를 훼손시키고 있다. 이에 우리는 경고한다! 지구별 대한민국이 당장 반우주적인 행태를 멈추지 않으면, 우주의 평화를 수호하는 단체들은 연합하여 우주 전쟁도 불사할 것이다!

우리의 요구 조건!
- 모든 노동자의 권리를 동등하게 인정하라!
- 노동의 차별을 뿌리 뽑아라!
- 악덕 기업인은 전 우주인에게 사과하라!

평화로운 우주를 수호하기 위한 '지구별 대한민국 노동 차별 규탄' 우주인 대회 개최

* 장소 : 지구별과 인접한 화성, 목성, 금성
* 일시 : 지구별 시간으로 2012년 12월 30일

자세한 문의 사항은 우주 평화수호대로 연락 주시면 됩니다.

참여 단체
우주만물의어버이연합, 지구별인을걱정하는학부모연합, 우주준법생활외계인연합, 지구별여자를존중하는금성남자연합, 너무많이배워자랑인우주여성연합, 우주환경시민연대, 비정규직없는우주만들기네트워크, 학생왕따보다어른왕따를염려하는학생모임, 우주통일포럼, 별별신문사, 우주생명연구운동본부, 바른생활우주인연합, 더나은우주를꿈꾸는어린이책작가모임,

2012년 9월 17일 월요일

너 아니어도 돼!

심승희

내일의 날씨

별꼴꼴 우주기상대 제공
지구별 날짜 : 2012년 9월 17일

적중률이 높은 내일의 우주 날씨

우주 곳곳에 있는 수많은 별들은 저마다 기온이 달라 뜨거운 별은 덥겠고, 차가운 별은 춥겠다. 눈이나 비가 오는 지역은 오는 만큼 오겠고, 그칠 만하면 그칠 것이다. 곳에 따라 태풍이 불기도 하겠으나 그 때문에 별이 궤도를 벗어나는 일은 없겠다. 우주는 변화무쌍하니 이상기후가 있을 수 있겠다. 이에 대해서는 이상기후가 발생한 뒤에 자세히 알리겠다.
(이 예보가 맞을 확률 99.9%)

직업☆운세

─별난철학연구소 제공

새벽이 오기 전에 어둠이 짙은 법.
꿈을 품은 이, 샛바람에 흔들리지 않고 꿋꿋하게 버틴 이는 밝은 날을 맞으리라.

 **몸 쓰는 직업** : 엎어진 김에 쉬어 가라. 서둘면 일을 그르친다. 팔이 네 개인 이는 일하기 전에 세 번 생각하라. 마음이 앞서면 손이 꼬인다. 태양계 태생은 귀인을 만나리라.

 **마음 쓰는 직업** : 욕심 부리지 마라. 내 몫을 챙기려 욕심 부리면 얻는 것보다 잃는 것이 더 많다. 하나를 베풀어야 둘을 얻을 운세임을 명심해라.

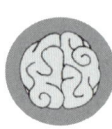 **머리 쓰는 직업** : 모든 일에는 때가 있다. 오늘만 날이 아니니 잠시 숨을 고르는 지혜가 필요하다. 이유 없이 큰 선물을 주는 이를 조심하라. 섣불리 믿었다가는 망신 당할 일이 생긴다. 우주에는 공짜가 없다.

 **놀고먹는 직업** : 등 따뜻하고 배부르니 부러울 게 없다. 다만, 구설수가 있으니 입을 함부로 놀리지 마라. 열흘 붉은 꽃 없고, 달도 차면 기우는 법이니 잘 나갈 때 겸손해라.

외국어 배우기 코너
일터에서 바로 써먹는 한국어 배우기 – 응용편 29

[오늘의 문장]

"그는 해고되었어."
geuneun haego-doeeosseo.

[대화]

가: 철수 씨는 어디 갔나요?
　　cheolsu-ssineun eodi gat-na-yo?

나: 그는 해고되었어.
　　geuneun haego-doeeosseo.

가: 어머, 왜요?
　　eo-meo, wae-yo?

나: 비정규직이었거든.
　　bi-jeong-gyeu-jik ieotgeodeun.

[새로 나온 낱말]

<u>해고 haego</u> : 직장에 잘 다니고 있는 사람을 뜬금없이 그만 나오라고 할 때 쓰는 말이다.
<u>비정규직 bi-jeong-gyeu-jik</u> : 쪼잔하게 월급을 조금 주려고 언제까지만 일하라고 근무 기간을 정해 놓은 희한한 근무 방식이다.
*위 두 낱말은 우주어에서는 찾을 수 없는 말이다. 무조건 외워야 한다.

[같은 뜻 다른 표현]

해고되다 = '짤'리다 = 책상을 빼다
haego-doeda = jjal-li-da = chaeksang-eul-ppaeda.

별별 직업소개소

꼬치꼬치 캐묻고, 꼼꼼하게 따져
일터 찾는 사람, 사람 찾는 일터를
확실하게 연결해 드립니다.
우리 별별 직업소개소는
창사 이래 700년 동안
오직 한길만을 걸어왔습니다.
회원의 성공이 회사의 성공이라는 자세로
철저한 맞춤소개에 앞장서고 있습니다.

★★우주 100대 직업소개소 선정★★

별별 직업소개소만의 자랑

- **회원가입 조건 없음.**
  고향 별나라, 학벌, 외모를 절대 따지지 않습니다.
- **첫 직업인 경우 회원가입비 면제**
  우주고용안정관리법에 따른 규정 사례비만 받습니다.
- **직업훈련소 운영**
  회원은 반값 할인해 드립니다.
- **지구별 언어 능통자**

- **우주여행 경험자 환영**
  우주여행 거리, 시간 증명서가 있어야 합니다.

⋯→ 문의는 가까운 은하 지점으로 하세요.

별별 직업소개소 대표연락처 :
전용회선 – 12. 06. 67. 19. 07. 33. 88

강대희네

일단, 걷고 나서 하이킥

강정연, 김해등이
쓰고
조승연이
그리다

1. 행복한 강대희

301호 현관 옆으로 한 삼십 센티미터 정도 되는 틈이 있어. 그 틈으로 몸을 집어넣어 게걸음으로 서너 걸음 움직이면 딱 사람만 한 문이 나와. 가로 육십, 세로 백칠십 센티미터. 뭐 물론 이보다 더 작은 사람도, 큰 사람도 있겠지만 이 문을 드나드는 사람 덩치가 딱 그만하니까.

문은 엉덩이로 슬쩍 밀면 열리게 돼 있어. 그러면 바로 퀴퀴한 노총각 냄새가 진동하는 방이 나오지.

아, 마침 문이 열리네. 방 주인 강대희 씨가 중국 무협소설 한 권을 들고 나오는군. 또 옥상에 올라갈 모양이야.

강대희는 문을 닫고 게걸음으로 그 좁은 틈을 힘겹게 빠져나왔어. 그러다가 주인 영감이랑 딱 마주쳤지. 다 알다시피 301호는 주인집이야. 그렇다면 강대희는 몇 호냐고?

"야 이눔아, 멀쩡한 문 놔두고 벽을 뚫어서는 그게 뭐하는 짓이냐? 으이그, 한심한 녀석."

강대희도 301호야. 주인집 301호 부엌방이 강대희 방이지. 하지만 강대희는 자신의 방을 301호로부터 완전히 독립시키고 싶었어. 그래서 301호 부엌으로 통하는 문을 과감히 막아 버리고 딱 자기 몸만 한 문을 반대쪽 벽에 뚫어 드나들고 있지. 강대희가 벽을 뚫은 뒤로는 단 한 번도 301호의 현관문을 사용하지 않았어. 그렇다고 301호 부엌방이 302호가 되는 것도 아닌데 말이야.

강대희는 주인 영감 강인식 씨의 막내아들이야. 어린 시절에는 주인 영감의 자랑이었지만 지금은 숨기고 싶은 아들이 돼 버렸어. 하지만 주인 영감은 아직도 강

대희에 대한 기대를 완전히 꺾진 않았지. 공부도 잘하고 말도 잘 듣던 그 착하디착한 막내아들이 설마 이대로 백수로 늙어 죽진 않겠지, 뭐라도 되겠지 싶은 거야.

그런데 말이야, 정작 강대희 본인은 그 무엇이 되고 싶다는 욕망이 없어. 이미 자신은 인간 강대희로서 높은 만족감을 갖고 살고 있으니까.

옥상에 오른 강대희는 옥탑방을 기웃거렸어. 일부러 과도한 헛기침을 하고 발소리를 크게 내면서 걸어 올라왔는데도 조용한 걸 보면 아무도 없는 게 틀림없어. 강대희는 옥상 구석에서 자라고 있는 오이들 가운데 가장 긴 놈을 하나 골라 땄어. 그러고는 우적우적 씹어 먹으며 난간 앞 의자에 앉아 책을 펼쳐들었어. 여름이지만 해가 뉘엿뉘엿 지는 터라 바람이 꽤 시원했지. 오이도 아삭아삭 맛있고, 무협소설 읽는 걸 방해하는 이도 없고, 조금 있으면 옥탑방 아가씨도 올라올 테고……. 늘 그랬듯이 오늘도 강대희는 빙긋이 웃으며 이렇게 혼잣말을 했어.

"흠~ 행복해~."

ㄹ. 끔찍한 오해

난간에 책을 턱 걸쳐 놓고 첫 장을 넘기려는데 집 앞 골목길로 들어서는 김태희가 보여. 김태희는 어깨가 땅에 끌릴 정도로 축 처져 가지고는 터벅터벅 걷고 있었지.

"어이! 나의 사랑 103호 김태희!"

강대희가 손을 흔들며 이름을 부르자 김태희가 강대희를 흘끔 올려다봤어. 그러고는 고개를 다시 툭 떨어뜨리고 대문을 끼익 열고 들어섰지.

"103호 김태희! 옥상으로 올라와. 알았지? 응?"

강대희는 옥상 난간에 배를 걸치고 103호 현관문을 따고 있는 김태희에게 소리

쳤어. 김태희는 아무 대꾸도 않고 안으로 들어가 버렸는데 강대희는 틀림없이 김태희가 옥상으로 올라올 거라고 믿어 의심치 않았지. 한 번도 호락호락 말을 듣는 김태희가 아니지만 오늘은 왠지 옥상으로 올라올 것 같더라고. 그런데 정말로 반바지에 슬리퍼로 갈아 신은 김태희가 터덜터덜 옥상으로 올라온 거야.

강대희는 오이 하나와 방울토마토 일곱 개를 정성스럽게 따 가지고 김태희에게 쓱 내밀었어.

"자, 나의 운명 김태희를 위해 준비한 거야."

"자꾸 장난치지 마요."

얼굴이 잔뜩 구겨진 김태희는 오이와 방울토마토를 받아들고 평상 위에 털썩 앉았지. 강대희는 씩 웃고는 휘파람을 불며 오이, 상추, 방울토마토, 고추를 심은 화단에 물을 주며 물었어.

"반짝반짝 빛나야 할 우리 태희 씨가 왜 이렇게 축 처졌어?"

김태희는 아무 말도 않고 방울토마토 두 개를 한꺼번에 입에 넣었어.

301호 강대희는 103호 김태희와 운명적 관계라고 믿고 있어. 일 년 전 103호에 '김태희'라는 사람이 들어온다는 소식을 들었을 때 강대희는 심장이 펄떡거려서 혼났지 뭐야. 여배우 김태희가 이렇게 꾀죄죄한 동네 단칸방으로 이사 올리는 없으나 그래도 이름값 정도는 하는 미모의 아가씨이겠거니 했지. 이삿짐이 들어오는 날 강대희는 아침부터 103호 앞을 서성거렸어. 하지만 기대와는 달리 103호 김태희는 스물한 살의 말라깽이 남자 대학생이었어. 강대희는 다리가 후들거릴 정도로 실망했지만 특유의 긍정적인 성격으로 금세, 극~복!

"103호 김태희? 자네가 김태희구먼. 반가워. 나는 301호 강대희야. 자네는 103호, 난 301호, 자네는 태희, 나는 대희. 가만가만, 실례지만 몇 살? 아, 스물한 살? 나는 서른세 살. 우리 둘 다 원숭이띠네. 와, 이거 이거 소름 끼치도록 신기한 인연이군. 우리 아무래도 운명적인 만남 같지 않아? 하하하! 예전부터 남동생 하나 있었으면 했는데. 나를 큰형처럼 생각해도 좋아. 힘든 일 있으면 언제든지 상담하라고. 말하자면 내가 자네의 멘토가 되어 주지. 앞으로는 형이라고 불러! 하하하!"

그렇게 오로지 강대희 맘대로 둘은 멘토와 멘티 사이가 되었어. 하지만 김태희는 일 년이 다 지나도록 한 번도 강대희에게 고민을 털어놓거나 조언을 구하지 않았어. 그저 오다 가다 만나면 쓸데없는 농담이나 인사 정도만 주고받을 뿐.

"형은 사는 게 그렇게 즐거워요?"

김태희는 평상에 벌렁 드러누우며 심드렁하게 말을 뱉었어.

"즐거워 보이냐?"

강대희도 그 옆에 누우며 말했지.

"형은 백수인 데다가 돈도 없고, 여자친구도 없고, 차도 없고, 아버지한테 얹혀 살고……. 즐거울 게 하나도 없을 텐데 즐거워 보여요."

"오, 이런! 자신의 멘토를 단단히 오해하고 있는 나의 운명적 동생을 보게나!"

강대희는 운명적 동생 김태희마저 이런 끔찍한 오해를 하고 있다는 게 무척이나 속상했지. 그래서 그 오해를 하나하나 풀어 주기로 마음먹었어.

3. 오해는 풀어야 제 맛!

"오해라고요? 그럼 즐겁지 않아요?"

"아니, 내가 왜 즐겁지 않겠어? 이렇게 행복하게 잘 살고 있는데……."

"잘 살고 있다고요?"

김태희는 강대희를 머리부터 발끝까지 주-욱 훑어보았어. 부스스한 머리, 지저분하게 자란 수염, 목이 다 늘어난 반팔 티셔츠에 헐렁한 반바지, 맨발에 한쪽 귀퉁이가 찢어진 슬리퍼, 한 손에는 무협소설, 다른 한 손에는 오이 반 토막. 누가 봐도 그다지 잘 살고 있는 사람의 몰골은 아니란 말이야.

"그래, 난 여자친구 없어. 하지만 곧 생길 거야. 옥탑방 아가씨가 나한테 반쯤 넘어온 것 같다고."

강대희는 옥탑방 쪽을 흘끔 쳐다보며 배시시 웃었어.

"그리고 차는 필요하지 않으니까 없는 거야. 필요하지도 않는데 갖는다는 건 그저 기름진 욕심일 뿐이지. 그리고 내가 아버지한테 얹혀산다는 건 말도 안 돼. 나는 분명히 보증금 300만 원에 월 10만 원씩 방세를 내고 살고 있다고. 게다가 나는 아버지 부엌에는 얼씬도 하지 않아. 뭐 형수가 굳이 뭘 갖다 주면 마다하진 않지만 말이야. 나는 다른 사람의 호의까지 무시할 정도로 그렇게 야박하진 않거든. 그리고 나는 내가 살아가는 데에 필요한 모든 비용을 스스로 벌어서 해결하고 있다고. 보다시피 나는 이 옥상에서 내가 먹을 최소한의 채소를 길러 먹기까지 한단 말이지. 이래도 내가 아버지에게 얹혀산다고 할 수 있어?"

"그러면 다른 곳에 방을 얻어 살지 그래요?"

"좋은 질문이야. 알다시피 요즘에는 보증금 300만 원에 10만 원 하는 방도 찾기 힘들 뿐더러, 주인집 부엌방에 들어오겠다는 사람도 찾기 힘들어. 그러니 내가 안

들어가면 우리 아버지는 방 하나를 그냥 비워 둬야 하는 거야. 이게 바로 누이 좋고 매부 좋고, 꿩 먹고 알 먹고가 아니면 뭐겠어?"

김태희는 강대희 말이 맞는 것도 같고 아닌 것도 같아 고개를 갸웃했어. 하긴 강대희야 온 동네가 인정하는 입만 산 사람이니까. 강대희랑 말싸움을 해서 이긴 사람이 아무도 없어, 뭔가 거짓말 같으면서도 잘 들어 보면 그럴싸하거든.

"그런데 형은 뭘 하면서 돈을 벌어요? 일하는 건 한 번도 못 본 것 같은데. 백수 맞죠?"

강대희는 까끌까끌 난 턱수염을 쓱쓱 쓰다듬으며 말을 이었지.

"백수라기보다는 '자발적 취업 거부자'라고나 할까. 나는 사람을 돈의 노예로 만드는 자본주의 시스템과는 안 맞는 사람이야. 그래서 최대한 그 안에 들어가지 않으려고 노력하는 거지. 나는 최소한의 노동을 하고, 최소한의 소비를 하며, 최대한의 행복을 누리며 살고 있어. 나는 일본어 번역을 하면서 한 달에 딱 40만 원만 벌고 있어. 그 이상은 절대 벌려고 노력하지 않아. 그 이상 쓰지 않으니까. 나는 소비를 부추기는 분위기나 광고 따위에 절대 넘어가지 않아. 내가 주로 이용하는 재활용품 가게는 나에게 그리 많은 돈을 요구하지도 않지. 무언가 사기 위해 돈을 버느라 온 시간을 바치는 대신, 덜 사고 덜 쓰는 대신 내 시간을 내가 하고 싶은 걸 하면서 쓰겠다는 거야. 나는 불행한 돈의 노예보다는 행복한 게으름뱅이의 삶을 선택한 거야. 난 가난뱅이지만 행복해. 자, 이제 나에 대한 오해가 좀 풀렸나?"

강대희는 팔짱을 끼며 의기양양하게 물었어. 하지만 김태희는 대답 대신 아랫입술을 삐죽 내밀었지. 뭔가 맘에 들지 않는 모양이야.

"가난한데 어떻게 행복해요? 말도 안 되는 소리 좀 하지 마요. 이 세상에 돈 안 드는 일이 어디 있어요? 돈 없으면 아무것도 할 수 없는 세상이에요."

김태희는 머리를 감싸 쥐고 한숨을 내쉬었어.

"그런데 돈 없어도 행복한 나라가 있더라고. 돈 없어도 행복한 나처럼."

김태희는 못 믿겠다는 표정으로 강대희를 돌아봤어.

"말도 안 돼! 그런 나라가 어딨어요?"

"있어, 있다니까!"

강대희는 김태희한테 바짝 다가서며 말을 이었어.

"바로 부탄이라는 나라야. 강대국인 중국과 인도 사이에 끼어 있는 아주 조그마한 나라인데 국민총생산도 고작 6,000달러 정도밖에 안 돼. 하지만 행복지수는 세계 1위를 차지했어. 웃기지 않아? 몇 만 달러의 강대국들이 당연히 행복지수가 높아야 하는 거잖아. 부탄에서는 국민총생산(GDP) 같은 용어조차도 쓰지 않는대. 대신 삼십 년 전부터 이미 국민총행복(GNH)을 내세웠다는 거야. 물질의 풍요보다는 정신의 풍요를 내세워 심리적인 안정을 찾는다는 거야. 좋은 차에 큰 집을 사느라고 빚을 얻고, 그 빚을 갚으려고 미친 듯이 일만 해 대는 우리의 삶과는 다른 거라 볼 수 있어. 생각해 봐. 네가 돈으로 가치 판단을 하다 보니까 이 형님도 천하에 둘도 없는 한심한 인간으로밖에 생각하지 않는 거잖아. 정작 난 세상에서 가장 행복하고 멋진 인간인데 말이야. 하하하!"

김태희는 강대희 말이 알쏭달쏭했지만 저도 모르게 고개가 살짝 끄덕여지는 거야. 그렇지만 온 동네가 인정한 입만 살아 있는 사람의 말을 전적으로 믿을 수만은 없는 일이었지.

4. 멘토 강대희 - 멘티 김태희

강대희는 김태희의 얘기를 듣고 싶었어. 늘 궁금했는데 통 입을 열어야 말이지. 그런데 오늘은 달라. 뭔가 얘기하고 싶어 죽겠는 얼굴이거든.

오늘이야말로 '멘토-멘티 놀이'를 할 수 있는 절호의 기회가 아니겠어? 시간 많은 강대희가 이 기회를 놓칠 리가 없지. 자, 그 놀이 한번 들여다볼까?

멘토 그나저나 너는 왜 그렇게 맨날 울상이냐? 너의 멘토가 여기 있으니 마음껏 풀어놔 봐.

멘티 치, 멘토는 무슨. 실은……, 대학 등록금 때문에 미치겠어요. 방학이라 아르바이트 구하기도 힘들고, 그렇다고 장학금 탈 능력도 없고……. 벌써 학자금 대출을 두 번이나 받아서 빚이 천만 원이 넘어요. 이대로 간다면 난 빚더미를 안고 졸업하게 될 거예요. 졸업하고 취직이라도 하면 다행인데 선배들 보니 그것도 쉽지 않고.

멘토 대학 등록금 때문에 온 나라가 난리는 난리구나. 애들은 애들대로, 부모는 부모대로 아주 죽어라 죽어라 하는 거지 뭐. 어휴, 대학 등록금이 공짜인 나라도 있는데 우리나라는 도대체 뭐냐? 세금 걷어서 어디에 쓰냐고.

멘티 정말요? 대학 등록금이 공짜라고요?

멘토 그뿐이냐? 심지어 공부하는 동안 생활비까지 지원해 주지.

멘티 에이, 형 또 뻥치는 거 아니에요? 형 뻥쟁이라고 동네에 소문이 자자하던데.

멘토 뻥쟁이라니! 멘토를 어찌 보고!

멘티 그럼, 그런 나라가 어딘데요?

멘토 그런 나라 정말 있어. 그게 어디였더라? 아, 맞다. 핀란드! 그래 핀란드지. 핀란드는 국가교육경쟁력이 세계 1위야. 모든 학교가 무상교육이라 할 수 있지. 교육비뿐만 아니라 급식비와 교통비도 지원해 주고 있는데, 가정 형편이 어려운 학생들에게는 생활비까지 지원하고 있어. 핀란드 말고도 덴마크는 대학생들에게 한 달에 5~60만 원씩을 주며 열공을 부추기고 있지. 스웨덴은 스무 살이 되면 일 인당 2,000만 원씩 지불하는걸. 심지어는 우리나라보다 훨씬 못 사는 아프리카 알제리라는 나라도 돈 없이 대학에 다닐 수 있어. 그 나라도 학생들에게 생활비까지 다 대주고 있단 말이야.

멘티 설마…….
멘토 하하, 믿지 못하겠지만 사실인데 어쩌나. 그나저나 넌 대학을 왜 다니냐? 그렇게 공부를 좋아하는 것 같진 않은데 말이야. 안 다니면 안 돼?
멘티 형도 대학은 나왔잖아요. 주인 할아버지가 형 옛날에 공부 되게 잘했다고 은근히 자랑하던데.

멘토 나는 대학을 중간에 그만뒀어. 대학을 꼭 다녀야 하나 싶었거든. 대학은 그야말로 학문을 연구하는 곳이잖아. 그런데 나는 학문에는 관심이 전혀 없거든. 내가 정말로 하고 싶은 건 멋진 무협소설을 쓰는 일이야. 하루 종일 뒹굴거리며 무협소설을 읽으면서 틈틈이 글을 쓰는 거지. 이런 내가 대학을 다녀야 하는 이유는 뭘까 고민하다가 정말로 그만둬 버렸어. 집에서는 난리가 났지.
멘티 대학을 안 나오고도 일어 번역을 해요?

멘토 일어는 일본 드라마를 섭렵하다가 흥미가 생겨서 혼자 공부했어. 출판 일을 하는 형수님 덕분에 간단한 번역 일을 얻어서 하는 거고.
멘티 사실 요즘은 대학이 학문을 연구하는 곳이라기보다는 취업하기 위한 수단이 돼 버렸잖아요. 대학과 대학생 들이 이렇게 넘쳐 나는데 누가 대학 졸업도 안 한 사람을 써 주겠어요. 대학이 필수가 돼 버렸으니 안 다닐 수가 없어요.

멘토 대학은 선택이어야 하는데 말이야. 대학 안 나온 사람들이 자꾸 많아져야 해. 그래서 대학 안 나온 게 하나도 이상하지 않아야 된다고.
멘티 대학 안 나온 사람들이 많아져야 한다고요? 말이 좀 이상한데…….

멘토 전혀 이상하지 않아. 최강국 중에 하나인 독일은 초등학교만 졸업하면 대학을 가는 인문계와 직업전선에 뛰어들 수 있는 실업계로 나누어지는데 인문계는 오십 퍼센트 정도밖에 안 돼. 그나마도 중도 탈락하는 경우가 생기니까 대학에는 삼십 퍼센트 정도만 갈 수 있다고 생각하면 돼. 대학에 안 가는 칠십 퍼센트는 적성에 맞는 직업교육을 받아 사회에 진출

하는 거야. 어느 누구도 대학을 나오지 않았다는 이유로 손가락질을 받거나 무시당하지 않지. 오히려 마이스터(명장) 제도가 있어서 한 분야에서 뛰어난 실력을 발휘하면 우대하고 인정해 주는 사회적인 분위기가 조성돼 있는 거야. 그러다 보니 직업에 귀천을 두지 않고 적성에 맞는 직업을 선택하고, 가업을 이어받는 게 전혀 부끄럽지 않은 사회가 된 것이지.

멘티 정말이요? 실은 나 대학 그만두고 싶어요. 내가 하고 싶은 일은 그릇 만드는 일이에요. 우리 아버지가 항아리를 만드시거든요. 어릴 때부터 흙을 가지고 놀았는데 솜씨 좋다고 칭찬도 많이 받았어요. 나는 이상하게 보드라운 흙을 만지고 있을 때가 가장 행복하더라고요.

멘토 그럼 그거 하면 되잖아. 네가 하고 싶은 어떤 일이든 직업으로 삼을 수 있어. 꼭 큰 회사에 다니는 것만 직업은 아니야.

멘티 아버지가 질색을 하세요. 흙 만지면 평생 가난하게 산다고요. 저는 그냥 평범한 직장을 다녔으면 좋겠대요. 왜 나는 나로 태어났는데도 내가 하고 싶은 일은 하지 못하는 걸까요? 어느 것도 내 마음대로 되는 게 없어요. 대학이든, 등록금이든, 직업이든…….

멘토 징징거린다고 해결되는 건 하나도 없어. 뭐든 그냥 얻어지는 건 없다고. 곰곰 생각해 봐. 너는 네 처지를 바꾸기 위해서 어떤 노력을 해 봤어? 투덜거리는 거 말고는 한 게 없잖아? 용기를 내야지. 다른 사람이 만들어 놓은 밥상에 그저 숟가락만 얹겠다는 생각은 마. 그 밥상이 네가 정말 원하는 밥상인지 아닌지 잘 살펴보라고. 마음에 안 들면 네가 다시 차려야지.

멘티 밥상을 다시 차린다고요?

멘토 독일의 일부 대학에서는 학기당 80만 원 정도의 등록금을 폐지하라며 과격한 시위를 벌인 적이 있었어. 고작 80만 원에? 우리나라의 천만 원에 비하면 껌값에 불과한데 말이야. 하지만 독일의 학생들은 그 80만 원 때문에 아르바이트를 하느라 공부하는 시간을 빼앗긴다 생각했어.

얼핏 들으면 얼마 되지도 않는 돈 때문에 그런 것 같지만, 사실 핵심은 그게 아니야. 돈으로 환산할 수 없는 자부심, 당당히 누려야 할 자신의 권리를 빼앗기고 싶지 않았던 거지. 그래서 인근 여러 나라 대학생들과 마음을 합해 시위를 해서 문제를 해결했어. 직업도 마찬가지야. 아버지가 항아리 만드는 것을 질색한다지만 정작 도공이 되려는 너의 용기가 부족한 것은 아니었을까? 두려워하지 말고 용기를 내 행동해 보라고. 나처럼, 하하하!

멘티 치. 형처럼요? 형은 뭘 하는데요?

멘토 나? 대학을 안 나와도, 큰 회사를 안 다녀도 행복할 수 있다는 걸 몸소 보여 주고 계시잖냐. 그리고 모든 선거에 반드시 참여하지. 마음에 드는 밥상을 만들겠다는 사람에게 반드시 투표한다고. 나는 우리 동네 통장 선거도 빠져 본 적 없다고. 하하하!

5. 일단, 걷고 나서 하이킥

어느새 날이 어두워졌어.

"어때? 이 훌륭한 멘토와 대화를 나누니 기분이 좀 나아졌지?"

강대희가 자신만만하게 물었지만 김태희는 여전히 한숨을 내쉬었지.

"형, 미안해요. 아직도 잘 모르겠어요. 내가 어떻게 해야 할지 정말 모르겠어요."

강대희는 김태희 어깨를 토닥거렸어.

"너 나랑 내일부터 도보여행 시작할래? 생각 정리하고 용기 키우는 데에는 무작정 걷는 게 최고지."

"도보여행이요? 에이, 저 돈 없어요."

"시간은 있잖아."

"시간이야 있죠. 알바도 못 구했으니까."

"그럼 내일부터 나랑 도보여행 시작하자. 내가 돈 없이도 얼마나 멋진 여행을 할 수 있는지 보여 주겠어. 나 도보여행 선수야, 하하."

"진짜 돈 없이 여행을 한다고요?"

"그래, 한번 해 보자고. 안 되면 돌아오면 되잖아. 안 그래? 일단, 걷고 나서 하이킥 하자고."

"걷고 나서 하이킥이요?"

"그래, 일단 걷고 나서 하이킥! 이 머저리 같은 세상에 거침없이 하이킥!"

어라, 김태희의 눈이 오랜만에 반짝반짝 빛나네.

정말 강대희랑 여행이라도 할 참인가?

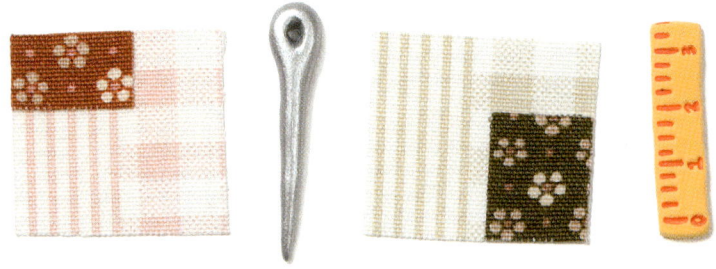

 덥다, 더워! 여름에 옥탑방은 방이 아니라 '찜통'이야. 더워서 며칠째 바느질이 잘 안 돼. 그래도 힘내야지!

 드디어 오늘은 초록머리 인형한테 눈을 달아 주는 날이야.

 인형 만들 때는 눈을 다는 마지막 순간이 제일 중요해. 눈의 모양에 따라 인형의 느낌이 달라지거든. 그 느낌을 찾기 위해 내가 하는 일이 있어. 숨을 한번 크게 들이마시고, 기지개도 쭉 켜고, 손도 탈탈 풀고……. 이렇게 뭉친 근육을 풀어 주고 집중한 다음, 눈을 감고 기억에 남는 이야기와 사람들의 눈을 다시 잘 떠올려 보는 거야.

 흠……. 그러고 보니 내가 이 옥탑방으로 이사 온 지도 꽤 됐네. 지난겨울에는 어찌나 추운지 시린 손을 호호 불어 가며 바느질을 했다니까. 막 이사 왔을 때, 주

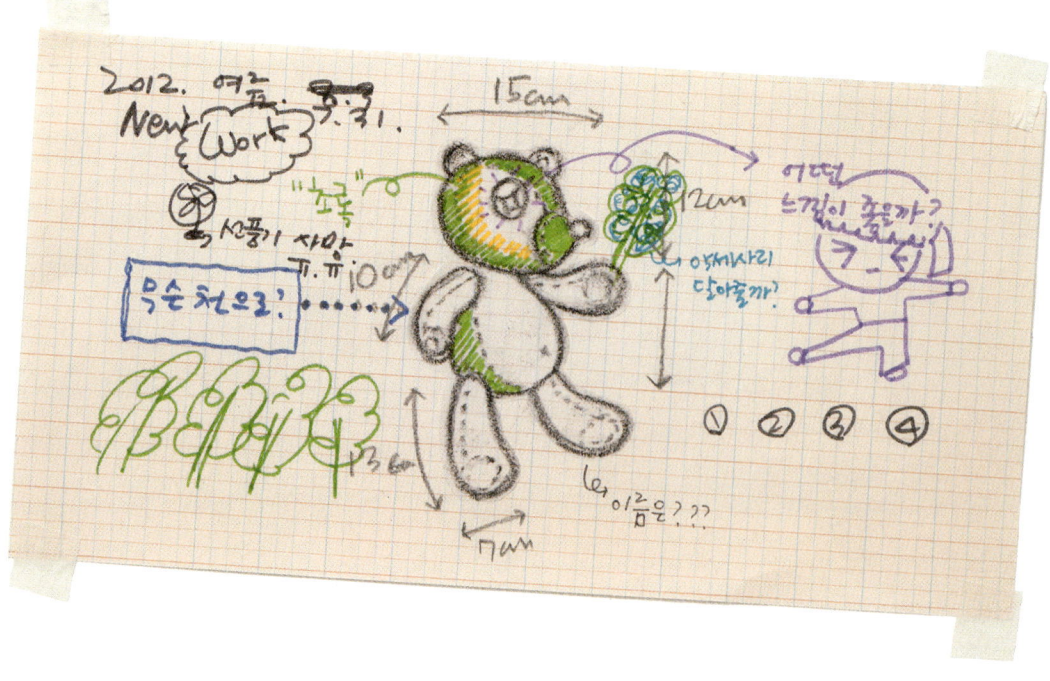

인집 할아버지가 내 짐을 쓱 훑어보며 하신 말이 아직도 생생해.

"젊은 아가씨가 인형 눈알 붙이는 부업을 하는 거요? 그거 해서 얼마나 번다고. 월세나 제대로 낼 수 있는 거요?"

뭐, 어른들한테 많이 듣던 말이라 그냥 방긋 웃었지. "저는 인형을 만드는 예술가예요."라고 말하고 싶었지만 어쩌겠어. 예술가라고 하면 "예술이 밥 먹여 주느냐"며 이해할 수 없다는 얼굴로 이것저것 묻곤 하니까 말이야.

그래. 밥, 물론 중요하지! 하지만 사람이 밥만 먹고 사는 건 아니잖아? 사람으로 태어나서 최소한 자기가 하고 싶은 일 정도는 하면서 살아야 진짜 행복한 거 아닐까?

나도 알아. 돈이 있어야 꿈도 이루고, 남들처럼 평범하게 살 수도 있고, 행복할 수도 있다는 걸 말이야. 그래도 난 남들처럼 살고 싶지 않은걸. 이 옥탑방에서 인형 만드는 예술가로 살아가기로 한 내 선택을 후회하지 않아. 비록 엘리베이터도 없는 건물에, 집 안에 에어컨은커녕 고장 난 선풍기 하나뿐이지만 그건 조금 불편할 뿐이지, 불행한 건 아니니까.

사실 나만 힘든 줄 알았어. 내가 하는 일이 힘들고, 내가 택한 길이 어려운 줄만 알았어. 그런데 이 집에 이사 오고 나서 그게 아니란 걸 알았어. 모두들 열심히 살면서 마주치면 잘 웃어 주고, 농담도 곧잘 건네고…….

무엇보다 이 건물에 사는 아이들은 모두 눈이 참 예뻐. 엄마 아빠의 눈을 닮은 걸까? 평생 누구를 속이거나 짓밟거나 더 많이 가지려고 하지 않은 사람만이 가질 수 있는 '정직하고 맑은' 눈 말이야.

그래서인지 여기 이사 온 뒤로 내가 만드는 인형들의 눈도 조금씩 달라진 것 같아. 노란 머리 인형은 당차고 똑똑한 해준이 눈을 떠올리며 만들었고, 분홍 머리 인형은 다정하신 유정이 할머니의 눈을 떠올리며 만들었어. 예술이 뭐 별거겠어? 삶의 순간순간이 모두 예술과도 같은 게 아닐까?

초록 머리 넌…… 누구의 눈을 닮게 될까? 네가 내 가슴으로 들어오던 날이 이제 생각나네. 그날은, 지금처럼 배는 고프고 햇빛은 마냥 눈부셔 괜히 심통이 나던 날이었어.

답답해서 옥상에 나왔는데, 옥상 구석에서 자라고 있는 상추의 초록 잎이 너무 싱그러워 보이는 거야. 그 순간 나도 모르게 눈물 한 방울이 똑 떨어지더라고. 하지만 어딘지 모르게 힘이 났어. 그때부터 널 만들기 시작했어. 초라한 내 꿈도 그렇게만 자라라, 싱그러운 상추처럼 그렇게만 자라라, 자라라……. 주문을 외듯, 한 땀 한 땀 온 마음을 담아 너를 만들었지. 네 이름은 '상추'가 좋겠어. 마음에 드니? 널 만드는 동안 내가 품은 주문처럼, 이곳에 사는 모든 사람들의 꿈도 무럭무럭 자랐으면 좋겠어.

그래! 네 눈은 반짝거리는 이 구슬로 달아 줄게. 이제 이 실만 끊으면, 너도 세상을 보겠구나. 이 순간이 가장 떨려.

창문 너머로 시원한 바람이 불어오네. 이제 더위도 조금씩 잦아드나 봐.

밖에 웅성웅성 사람들이 올라오는 소리가 들려. 뭔가 재밌는 일이 생겼나 봐. 상추, 우리 바람 쐬러 나가 볼까? 예쁜 눈을 가진 이곳 사람들을 소개해 줄게!

[동화 속, 동화 밖 세상]

1. 비정규 씨의 못다 한 이야기

텔레비전이나 신문 등을 통해 '비정규직'이라는 말을 들어 봤을 거예요. 우리나라에서는 일하는 사람의 반이 넘는 사람들이 비정규직으로 일하고 있습니다. 원래 노동자들은 노동법에 의해서 보호를 받고 있어요. 그런데 비정규직 노동자들은 언제 해고될지 모르기 때문에 차별도 심하고 법에서 제대로 보호도 해 주지 않아요. 임금도 정규직의 절반밖에 되지 않아요. 그래서 정말 힘들게 일하고 있지요. 이 책에 등장하는 다세대주택에 사는 분들도 대부분 비정규직으로 일하고 있어요. 이분들이 어떻게 일하고 있는지 좀 더 자세히 알아볼까요?

계약직 노동자

회사와 일하기로 계약을 맺을 때 보통은 언제까지 일한다고 정하지 않고 그 회사에 취직을 합니다. 그래서 정년 때까지 회사에 다니게 되지요. 그런데 어떤 사람들은 회사와 일 년만 일하기로 계약을 맺습니다. 계약직이 되면 너무 힘들어요. 열심히 일해도 다음 해에 계약이 안 될까 봐 걱정이 되니까, 회사 눈 밖에 나지 않으려고 자기 시간도 못 내고 일을 많이 해야 하거든요. 그리고 임금도 정규직보다 적게 주고 차별도 심해서 정말 어렵게 일하고 있지요.

이곳 다세대주택 101호에 사는 비정규직 교수 엄마는 계약직이에요. 학교와 학기별로 계약을 하기 때문에 다음 학기에 학교에서 불러 주지 않으면 일자리를 잃게 됩니다. 누구보다 열심히 공부하면서 학생들을 가르치지만 시간강사라는 이유로 임금도 적게 주고 공부할 공간도 주지 않아요. 그래서 비정규직 교수들도 자기 권리를 찾기 위해서 열심히 노력하고 있답니다.

또 201호의 이모도 계약직이에요. 국립오페라합창단에는 정말로 뛰어난 실력의 음악가들이 모여 있지요. 그런데 어느 날 갑자기 국립오페라단이 해체되고, 그곳에서 일하던 합창단원들은 계약직이 되고 말았어요. 어떻게 이런 일이 일어났는지 누구도 명쾌하게 설명하지 않았지요. 그저 이제는 다시 계약을 하지 않겠다고 하면서 길거리로 내몰았을 뿐이에요. 그래서 그분들은 거리에서 노래를 부르며 우리나라에 다시 국립오페라합창단이 만들어지기를 바라고 있답니다.

202호 숙희 씨는 대형 할인마트에서 일하는 계약직이에요. 일 년을 일하기로 계약을 맺지만 매년 계속 계약을 연장하니까 한 회사에서 오랫동안 일하기도 하지요. 그런데 회사에서 마음에 안 들면 다음 해에는 계약을 하지 않겠다고 하니, 숙희 씨는 고객들이 함부로 대해서 불만이 많더라도 꾹 참고 일할 수밖에 없는 거지요.

파견, 용역, 단시간, 호출 노동자

비정규직은 계약직 노동자만 해당되는 게 아니에요. 다세대주택 301호 우주 정보원들이 보고한 바에 따르면 아파트 경비로 일하시는 분들은 '용역'으로 일하고 있어요. 용역이란 일하고자 하는 회사와 개인이 직접 계약을 맺지 않고, 회사와 개인 사이에서 계약을 대행해 주는 업체를 통해 파견 나와서 일하는 방식을 말해요. 아파트에서 일하면 아파트 입주자대표자회의가 직접 이분들을 고용해야 하는데, 중간에 용역업체가 들어오고, 그 용역업체 소속으로 아파트에 파견을 나와서 일하는 것이지요. 아파트 입주자대표자회의에서는 용역업체를 다른 업체로 바꿔 버리기도 해요. 그러면 열심히 일하시던 분들은 갈 곳이 없어지지요. 최저임금을 안 주거나 노동법을 위반하더라도 이분들이 일하는 곳과 고용하는 업체가 다르니까 누구에게 책임을 물어야 할지도 알 수 없게 됩니다. 이렇게 파견이나 용역으로 일하는 비정규직도 너무 많아요.

편의점 아르바이트를 하는 202호 아들은 단시간 노동자예요. 하루 여덟 시간보다 짧게 일하는 경우 단시간 노동자 혹은 아르바이트라고 하는데요. 단시간 노동자라는 이유로 권리가 많이 제한되고 있어요. 301호 할아버지가 구하고자 하는 일자리 중 하나인 기공소 배달원은 호출 노동자라고 해서, 기다리고 있다가 일거리가 있다고 오라고 하면 가서 배달을 해 주고 와요. 단시간 노동자나 호출 노동자들은 주로 나이가 어린 청소년들이거나 혹은 나이가 많은 어르신들이에요. 모두가 열심히 일을 하는데도 용돈벌이 취급을 해서 최저임금밖에 주지 않는 경우가 많아요. 심지어는 최저임금을 안 주는 양심 불량인 곳도 있답니다.

특수고용 노동자

정말 이상한 비정규직도 있어요. 우리나라에서 노동자들은 법으로 권리를 보장받는데 아예 노동자로 인정도 못 받는 비정규직이지요.

101호에 사는 간병인 할머니는 분명히 병원에서 일하는데도 나라에서는 노동자로 인정을 해 주지 않아요. 그래서 몸이 아파도 '산재보험'이 적용되지 않고 있어요. 산재보험이란 산업 재해 보상 보험을 말해요. 일을 하다 다쳤을 경우 본인이 돈을 내지 않고 나라에서 보상을 받을 수 있는 보험이지요. 그런데 간병인 할머니는 일하다 다쳤는데도 그 당연한 권리를 누릴 수 없는 거예요.

202호에 사는 트럭을 운전하시는 아빠도 마찬가지예요. 자기 돈을 들여서 트럭을 샀지만 회사의 화물을 운반하는 거잖아요? 그런데 회사에서는 그들을 자기네 노동자가 아니라고 해요. 산재보험이 안 되니까 다치기라도 하면 아무런 혜택을 받을 수가 없어요. 학습지 교사로 일하는 201호 엄마도 마찬가지고요. 학습지 회사에 다니는데 그 회사의 직원이 아니라고 한다니까요. 그래서 노동조합을 만들 수도 없고 노동자라면 누구나 보장받는 의료보험이나 고용보험, 산재보험 등의 혜택을 못 받는 것이지요.

101호의 이모와 301호의 엄마는 '프리랜서'라는 이름을 갖고 있지만 결국 비정규직이에요. 출판사나 방송국에 소속되어 일하는 것처럼 보이지만 직접 고용하지 않습니다. 자유직업인 것처럼 보이지만 출판사나 방송국에서 일감을 주어야 일을 할 수 있어요. 그러니까 시키는 일은 거절하지 못하고 모두 다 할 수밖에요.

2. 으라차차! 당당하게 권리를 찾기 위해서

101호 유정이의 할머니와 엄마와 이모가 '그들만의 운동회'를 택했고 102호에 사는 해준이 아빠가 부당한 해고에 맞섰듯이, 201호에 사는 우혁이의 이모가 힘을 내서 길거리에서 노래를 하고 마트 계산원으로 일하는 202호 은수의 엄마가 잘못된 것을 잘못되었다고 당당하게 말하는 것처럼, 많은 비정규직 노동자들은 현실에서도 열심히 일하면서 자신의 권리를 찾기 위해 굳세게 노력하고 있답니다. 그 모습을 함께 들여다볼까요?

간병인

간병인들은 스물네 시간씩 오 일간을 쉴 새 없이 일합니다. 환자들을 돌보고 의사와 간호사들을 도와서 여러 가지 많은 일을 하고 있어요. 하지만 병원 노동자로 인정을 받지 못해서 밥 먹고, 잠자고, 옷 갈아입을 마땅한 장소가 없어서 어려움을 겪고 있지요.

서울대병원이나 경북대병원, 충북대병원에서 일하는 간병인 노동자들은 노동조합을 만들어서 "밥 먹을 공간을 달라"고 요구하고 있습니다. 그리고 아픈 사람들이 자기 돈을 내고 간병인을 고용하는 것이 아니라, 병원에서 간병인을 직접 고용해서 아픈 사람들을 돌보게 하라고 요구하고 있습니다. 그렇게 되면 아픈 사람들은 비용을 절약하니까 좋고, 간병인들도 고용이 안정되고 병원 노동자로 인정을 받을 수 있겠지요.

비정규직 교수

대학에서 학생들을 가르치는 분들 중에는 비정규직 교수들이 많습니다. 정교수와 똑같이 학생들을 가르치고 연구도 하는데, 정교수로 채용되지 않아요. 비정규직이라는 이유로 임금이 너무 적고 연구할 공간도 없는 경우가 허다합니다. 임금이 너무 낮으니까 가르치는 일에 시간을 다 쏟지 못하고 다른 아르바이트를 해야 할 때도 많지요.

비정규 교수들도 노동조합을 만들어서, 자신들을 정식 교원으로 인정하고 노동의 대가도 합리적으로 인정해 달라고 힘 있는 목소리를 내고 있어요. 가르치는 분들이 보람과 자부심을 가질 수 있어야 대학도 훌륭한 교육 공간이 되겠지요.

국립오페라합창단

2002년에 우리나라 유일의 국립오페라합창단이 만들어졌어요. 창단 이후 한 해에 사십 회가 넘는 공연을 하면서 오페라의 수준을 한층 높여 왔지요. 그런데 2008년도에 예산이 없다는 이유로 국립오페라합창단이 강제로 해체됩니다. 많은 이들이 반발을 하고 일어났어요. 국립오페라합창단은 우리나라 문화 발전에 많은 공헌을 했기 때문이지요.

문화부는 임시적으로 나라오페라합창단을 만들었고, 국립오페라합창단원들은 이곳에서 다시 노래를 하게 되었어요. 그러던 2011년 어느 날, 국가는 또다시 예산 부족의 이유로 나라오페라합창단을 일 년만 유지하겠다고 이야기합니다. 그 후 국립오페라합창단원들은 예술가의 생존과 우리나라 국립오페라의 발전을 위해 거리에서 노래를 부르고 있어요. 국립오페라합창단이 다시 제대로 만들어질 그날을 바라면서요.

현대자동차 비정규직

현대자동차에는 만 명이 넘는 비정규직이 일하고 있습니다. 정규직으로 고용해야 할 사람들을 용역업체를 통해서 고용하고 일을 시키며 임금도 적게 주는 것이지요. 이런 고용 형태를 '사내하청'이라고 부릅니다.

2010년 대법원에서는 이런 식으로 고용을 하면 안 된다고 판결했어요. 비정규직으로 2년 넘게 일한 사람들을 정규직으로 전환시키라고 판결을 내렸고요. 그런데도 현대자동차는 법원의 판결을 지키지 않고 있습니다. 오히려 몇 천 명만 골라서 정규직으로 채용하고, 나머지는 법적으로 문제가 없는 비정규직으로 쓰겠다고 이야기하고 있어요. 하지만 그동안 피해를 당한 모든 비정규직 노동자들은 정규직이 되어야 해요. 비정규직 노조는 현대자동차에서 비정규직으로 일하는 모든 비정규직을 정규직으로 하라고 요구하고 있습니다.

국민체육진흥공단 비정규직

경륜장에서 발매 업무를 하는 국민체육진흥공단 비정규직 노동자들이 노동조합을 만들었다가 부당하게 해고된 사건이 있습니다. 2008년에 일어난 일이지요. 우수사원으로 인정을 받아서 해외연수도 다녀왔던 직원들에게 낮은 등급을 매겨서 해고한 거예요.

이들이 노동조합을 만든 이유는 간단해요. 경륜은 도박이다 보니 돈을 잃은 고객들이 직원들에게 화풀이를 하는 경우가 많아서 너무 힘들었기 때문입니다. 욕을 하지 못하게 예방을 하거나 고객들에게 화가 나는 일을 당하면 회사가 위로를 해 주어야 하는데, 오히려 문제가 있다고 이야기한 직원들한테 불이익을 준 것이지요.

100만 원도 안 되는 임금을 받으면서 일했지만 '아무리 그래도 이래서는 안 된다'고 생각하여 노동조합을 만들었어요. 비록 해고를 당했지만, 나이 든 여성 노동자들의 권리를 찾기 위해 지금도 있는 힘을 다하고 있습니다.

학교 비정규직

잘 알고 있을 테지만, 학교에는 여러 직종의 많은 사람들이 일하고 있습니다. 선생님뿐 아니라, 급식을 맛있게 만들어 주는 조리종사원분들, 학교에서 행정과 사무를 담당하는 직원들, 도서관에서 여러분에게 책을 권해 주는 사서들, 과학 실험을 할 때 보조해 주는 분들, 방과 후 수업을 해 주는 분 등……. 많은 분들의 크고 작은 힘으로 학교가 유지되고 있지요.

그런데 이들 대부분은 비정규직으로 일하고 있는 게 현실이에요. 고용이 불안하고 힘든 데다가 방학 때는 임금이 나오지 않아서 생활을 유지하기가 너무 힘들어요. 그래서 이들은 차별을 없애고 고용을 안정시켜 달라고 요구하고 있습니다. 일하는 즐거움이 충족되어야 학교도, 학생도, 모두 함께 즐거워질 수 있을 테니까요.

청소 노동자

우리 주변에는 청소하는 분들이 참 많습니다. 새벽 첫차를 타고 일터에 가서 다른 사람들이 출근하기 전에 깨끗하게 청소를 마치곤 하지요. 그런데 이 일이 중요하지 않다고 말하면서 최저임금만 주는 경우가 많아요. 최저임금을 받아서는 제대로 살아갈 수가 없는데 말이지요.

그래서 서울의 대학에서 청소하는 분들은 노동조합을 만들어서 최저임금이 아니라 생활할 수 있는 임금을 주라고 요구합니다. 따뜻한 밥 한 끼 먹을 수 있는 공간을 제공하라고도 요구하지요. 밥 먹을 곳이 없어서 화장실 한편을 막아 놓고 식사를 하는 경우도 많기 때문이에요.

또 대학이 이들을 직접 고용하지 않고 용역업체를 통해서 고용을 하는 경우가 많아서, 용역업체가 바뀌면 언제 해고될지 몰라 마음이 불안합니다. 그래서 용역업체가 바뀌어도 계속 일할 수 있도록 대학에서 직접 고용하라고 요구하고 있어요. 청소 노동자들이 있기에 우리도 깨끗한 공간에서 공부하고 뛰어놀 수 있습니다. 이분들이 편하게 일할 수 있어야 우리 사회가 좋은 사회이겠지요.

기륭전자

구로공단에 있는 기륭전자에는 정규직도 있고 비정규직도 있어요. 그런데 직원들이 일하는 노동량에 비해 임금이 너무 적고 힘들어서 자신들의 권리를 찾고자 노동조합을 만들었습니다. 그랬더니 회사에서는 노조를 만든 이들을 해고해 버렸어요. 노동자들은 '해고는 잘못된 것'이라고 주장하고 싸웠습니다. 구십 일이 넘는 시간 동안 밥을 안 먹는 단식도 하고, 회사 옥상에 올라가서 농성을 하기도 했어요.

많은 사람들이 기륭전자가 이들을 정규직으로 다시 고용해야 한다고 목소리를 모아서 외쳤습니다. 예술가들도, 정치인들도 이들의 투쟁 현장을 직접 찾아갔지요. 마침내 기륭전자 노동자들은 정규직이 되어 일을 할 수 있게 되었습니다. 2013년이면 정규직이 되어 현장으로 돌아갑니다. 비록 과정이 힘들고 고되더라도, 자신의 권리를 찾는 일을 포기하지 않으면 결실을 얻을 수 있을 거예요.

학습지 '재능교육'

재능교육 교사들은 재능교육이라는 회사에 다닙니다. 그런데 재능교육은 이들이 자기 회사 직원이 아니라고 해요. 회사에서 채용한 것이 아니라 회사와 서로 계약을 한 자영업자라는 것이지요. 우리나라 노동자는 노동법에 의해서 보호를 받는데, 회사는 노동자가 아니라고 하면서 마음대로 해고하고 임금도 마음대로 깎아 버려요.

재능교육 교사들은 '우리도 노동자다'라고 이야기하면서 회사가 마음대로 선생님들의 임금을 깎지 말고 노동자들을 존중해 달라고 이야기합니다. 그리고 노동조합을 인정하라고 요구하고 있지요. 2012년 지금까지도 1,600일이 넘게 회사 앞에서 천막을 치고 농성 중에 있습니다.

화물연대

큰 트럭을 몰고 화물을 운반하는 사람들은 왠지 다른 사람들보다 힘이 세고 목소리도 클 것 같나요? 하지만 실제로는 그렇지 않아요. 큰 트럭이 주는 삶의 무게 때문에 생각보다 훨씬 힘들게 살아가는 분들이 많거든요.

기름값은 오르는데 화물 운반을 시킨 사람들은 아무런 책임을 지지 않으니, 화물운전 노동자들이 기름값이며 운행비며 유지비 등을 전부 책임져야 합니다. 그래서 화물연대라는 조직을 만들어 노동자들의 권리를 찾으려고 애쓰고 있어요. 운행 중에 사고가 많이 나니까 산업재해 보상도 받기를, 법으로 표준 운임을 만들어 주기를 요구하는 것이지요. 이분들이 더욱 힘을 내서 운전할 수 있으려면 노동자의 기본적인 권리부터 보장이 되어야 해요.

뉴코아·이랜드 노동자

정부에서 비정규직을 보호하겠다고 하면서 계약직에 대한 법을 만들었습니다. 한 직장에서 계약직으로 2년 동안 일하면 정규직이 되도록 하는 법이었지요. 그런데 2007년 이랜드그룹인 홈에버와 뉴코아백화점에서는 2년이 넘은 직원들을 정규직으로 전환하지 않고 바로 해고했습니다.

갑작스럽게 해고를 당한 노동자들의 심정이 어떠했을까요? 그들은 부당한 해고를 철회하고 고용을 보장하라고 목소리를 모았어요. 뉴코아와 홈에버 매장 앞에서 억울한 현실을 알렸지요. 많은 사람들이 계약직에 대한 법이 잘못되었고 이 노동자들이 일자리를 잃어서는 안 된다고 응원을 했습니다.

그래서 노동자들은 다시 일자리로 돌아갈 수 있게 되었습니다. 이들은 마트에서 일하는 노동자들의 권리를 보장하기 위해 지금도 노력하고 있답니다.

콜트-콜텍

콜트악기는 아주 유명한 기타 회사예요. 콜트와 콜텍이라는 회사에서 일하던 노동자들은 기타를 만드는 사람들이었지만 기타를 칠 줄은 몰랐지요. 그런데 회사가 어렵다면서 노동자들을 해고하고 인도네시아와 중국으로 공장을 옮겨 버리자 노동자들은 너무 억울해서 그대로 나갈 수 없다고 하면서 맞섰습니다. 이들은 기타를 배우기 시작했고, '콜밴'이라는 밴드도 만들었어요. 2012년 법원에서는 회사 측이 노동자들을 해고한 것이 잘못되었다고 판결했습니다. 세계의 유명한 음악인들이 이 노동자들을 응원했는데 아직 회사로는 돌아가지 못하고 있어요. 기타를 만드는 노동자들이 일하는 곳에도 음악과 웃음이 넘치기를 희망해요.

쌍용자동차

중국 상하이 자동차가 우리나라 쌍용자동차를 샀습니다. 그런데 회사에 투자를 하지 않아서 기업이 어려워지게 만들더니, 회사를 더 이상 운영하지 못하겠다며 자기 나라로 기술만 빼서 가 버렸어요. 2009년, 결국 삼천 명이 넘는 노동자들이 해고를 당했습니다. 노동자들은 어렵더라도 같이 사는 방법이 있다고 이야기하면서 칠십칠 일 동안 공장에서 버텼지요.

그런데 회사와 정부는 노동자들의 목소리에 귀 기울이지 않고 그들을 무참하게 내쫓았어요. 너무 억울한 현실, 해고되어서 살 길이 막막해진 미래……. 하나둘 삶을 포기한 노동자들이 어느새 스물두 명이 넘었습니다.

회사가 어려울 때 사람을 마구잡이로 내쫓는 대신 함께 살기 위해서 노력해야 한다고 쌍용자동차 노동자들은 이야기하고 있습니다. 지금도 쌍용자동차 노동자들은 함께 살기 위한 방법을 찾고자 간절한 마음으로 노력하고 있어요.

3. 힘을 내요, 비정규 씨

　　정규직으로 일하다가도 회사에서 해고를 당하면, 비정규직 일자리를 구할 수밖에 없는 경우가 많아요. 102호 해준이네 가족은 아파트를 분양받았지만 살아 보지도 못하고 다세대주택으로 이사를 왔지요. 아빠가 다니던 회사에서 해고당하고, 엄마가 하던 치킨집이 망했기 때문이에요. 회사들은 경영이 어려우면 노동자들을 해고해요. 회사가 어렵다는 이유로, 잘못도 없는 노동자들에게 희생하라고 하는 것이지요.

　　아무리 회사 사정이 어쩔 수 없다고 해도, 일하는 사람들을 자르기 전에 다른 방법을 찾아보는 게 우선일 거예요. 그런데 회사 입장에서는 노동자들을 해고하는 것이 쉬운 방법이다 보니 다른 해결책을 찾지 않는 경우가 많아요.

　　이 책에 나오지는 않지만 너무나 많은 사람들이 일터에서 해고되고 있어요. 2012년 한 해 동안 무려 십만 명이 일하던 직장에서 해고되었다고 합니다. 그렇게 해고되면 먹고살기가 힘들어지고 다시 일자리를 구한다고 해도 비정규직이 될 수밖에 없어요.

　　비정규직으로 일하는 것은 매우 힘들고 어려워요. 회사에서는 일하는 사람들이 누려야 할 권리를 인정하려고 하지 않거든요. 비정규직들이 노동조합을 만들면 가차 없이 해고해 버리고 나 몰라라 하는 경우도 많아요. 하지만 많은 비정규직 노동자들은 일하는 모든 사람들이 당당하게 자신의 권리를 찾을 수 있도록 노력하고 있습니다.

　　기업들은 회사가 살기 위해서는 어쩔 수 없이 비정규직을 써야 한다고 이야기하기도 해요. 하지만 일하는 사람들이 즐겁고 행복하게 일해야 회사도 잘될 수 있어요. 비정규직이라는 이유로 함부로 해고하지 못하게, 비정규직이라는 이유로 차별하지 못하게 하기 위해서 많은 사람들이 애쓰고 있답니다.

　　비정규직은 불쌍한 사람들이 아니에요. 게으르거나 못 배워서 비정규직이 되는 것도 아니에요. 우리나라의 많은 회사들이 점점 비정규직만 쓰려고 하니 정규직 일자리가 부족해서 비정규직으로 일할 수밖에 없는 거예요.

　　모든 사람들은 불안한 마음 대신 안정적으로 일할 수 있어야 하고, 일하는 동안 자신의 당연한 권리를 누릴 수 있어야 합니다. 열심히 일한 만큼, 생활할 수 있는 적정의 임금을 받아야 하고요. 일하면서 다치지 않을 수 있는 안전한 환경이 마련되어야 하고, 만약 다치더라도 무사히 치료를 받을 수 있어야겠지요. 일하지 못하게 되는 경우에는 생계를 보장받는 게 당연하고요.

모든 사람은 자신이 일하는 공간이 쾌적하고 즐거울 수 있게 합심해서 권리를 찾을 수 있는 단결권이 있어야 해요. 이 모든 권리는, 일하는 모든 사람들의 권리입니다. 이런 권리가 지켜지도록 사회 곳곳에서 애쓰는 분들이 있어요. 그들이 힘겨운 시간을 이겨 내고 활짝 웃을 수 있도록 함께 응원해요.

김혜진(전국불안정노동철폐연대 간사)

이 책을 만든 사람들을 소개합니다!

글 쓰고 그림 그린 작가들

강정연 빈둥거리기를 무엇보다도 좋아하는 가난하지만 행복한 게으름뱅이고요. 앞으로도 쭉 그렇게 살 작정이랍니다. 그동안 쓴 동화로 '꼬마 다람쥐 두리' 시리즈, 『슬플 땐 매운 떡볶이』, 『초록 눈 코끼리』, 『심술쟁이 버럭 영감』, 『건방진 도도군』 등이 있고, 동시집 『섭섭한 젓가락』이 있습니다.

김아인 단편 애니메이션을 만들다가, 두 아이 키우는 데 온 힘을 기울이다가, 이제는 그림책을 쓰고 그리고 있습니다. ainkim@hanmail.net

김윤정 만화가, 북아트 작가, 그림책 작가로 활동하고 있어요. 지은 책으로 『여름이네 육아일기』와 그림책 『똥자루 굴러간다』가 있습니다. 아이와 함께 글 쓰고, 만들고, 그리는 것을 좋아하며 2010년 2011년에는 가족과 함께 〈뻔뻔한 그림책展〉을 열었습니다.

김해등 대산대학문학상, 웅진주니어문학상, MBC창작동화대상을 받고 『반 토막 서현우』, 『전교 네 명 머시기가 간다』, 『연습 학교』, 『서울 샌님 정약전과 바다 탐험대』 등의 동화를 펴냈습니다. 지금은 막내딸 김햇빛이 나오는 동화를 쓰고 있어요.

김해원 잘 먹고, 잘 자고, 잘 쓰고 싶습니다. 그리고 세상 사람들 모두 잘 살길 바랍니다. 동화 『거미마을 까치 여관』, 『고래 벽화』, 청소년소설 『열일곱 살의 털』을 썼습니다.

김혜진 비정규직 노동자들이 권리를 찾을 수 있는 세상을 위해서 노력하고 있습니다. 전국불안정노동철폐연대에서 비정규직 문제를 잘 알리고 연구하는 일을 하고 있으며, 비정규직 없는 세상 만들기 네트워크의 집행위원으로도 일하고 있습니다.

박서영 어느 해 여름, 여행길에 우연히 들른 어린이책 서점에서 아름다운 책을 만드는 사람이 되어야겠다고 마음먹었어요. 『옛 그림 따라 아장아장』, 『달님이랑 놀아요』 등에 글을 썼고, 『어린이는 어린이다』, 『오십 번은 너무해』에 그림을 그렸어요. 『아주 특별한 몸속 여행』은 글도 쓰고 그림도 그린 책이랍니다.

박종채 전북 임실에서 태어났습니다. 캐릭터 디자이너로 근무하다 지금은 그림책 작가의 길을 걷고 있습니다. 어린이들에게 꿈과 희망을 줄 수 있는 좋은 그림책을 만들고 싶어요. 훗날 아이에게 제가 만든 그림책을 읽어 주는 게 꿈이랍니다.

박효미 자연과 사람의 조화, 사람 사이의 평등에 대해 늘 고민하고 펴낸 이야기들이 조금이나마 세상에 보탬이 되길 바랍니다. 동화 『일기 도서관』, 『길고양이 방석』, 『학교 가는 길을 개척할 거야』, 『오메 돈 벌자고?』, 『노란 상자』 들을 썼습니다.

심승희 서울애니메이션센터, 부천만화박물관 등에서 만화 강의를 하고 있어요. 『아이들과 함께하는 신나는 만화 그리기』를 쓰고 그렸고 『악기 박물관으로의 여행』, 『옹기종기 우리 옹기』, 『돈, 너는 누구니?』에 그림을 그렸습니다.

양지숙 제5회 MBC창작동화대상을 수상하였고, 제14회 대산문화재단 창작지원금을 받았습니다. 장편동화 『악어가 사는 섬』, 『고추 떨어지면 어떡해』, 『하얀 지팡이와 파란 자전거』를 썼고, 청소년소설 『발해 1300호, 우리의 항해는 끝나지 않았다』 등을 썼습니다.

양지안 어린이책 작가. "좋아하는 일로 밥벌이를 하는 나는 행복한 사람~."이라고 생각하는 한편 들쑥날쑥한 일과 수입을 아쉬워해요. 『노력파는 아무도 못 당해』, 『100점짜리 맹일권』을 썼습니다.

이잠 시와 동화와 그림책 글을 쓰고 있습니다. 시로 『작가세계』 신인상을, 동화로 MBC창작동화대상을 받았습니다. 동화로 『집들은 불을 켠다』, 『피자 먹고 싶은 여우』, 『비가 와요』가 있으며, 옮긴 책으로는 『쉽게 읽는 돌베개』가 있습니다.

이풍 이미 쓴 이야기보다 앞으로 쓰고 싶은 이야기가 더 많아 행복해요. 달팽이처럼 느리더라도 멈추지 않고 먼 길 가는 이야기꾼이 되고 싶습니다. 쓴 책으로 『하시구 막힌 날』이 있습니다.

장인영 어른이 되어서도 인형과 장난감을 모으다가 옥탑방 미미 씨처럼 인형 만드는 일을 해요. 직접 만든 인형들이 등장하는 그림책도 만들고 있답니다. 이 책을 읽는 친구들 모두 하고 싶은 일을 하며 행복해하는 어른이 되었으면 좋겠어요. twitter/ @tongbook

조승연 동양화를 공부한 뒤 프랑스에서 일러스트레이션 공부를 했습니다. 지금은 어린이책 일러스트레이터로 활동하고 있습니다. 『사춘기 가족』, 『행복, 그게 뭔데?』, 『살아 있었니』, 『델타의 아이들』, 『위험한 갈매기』 등에 그림을 그렸습니다.

최담 2012년 한국애니메이션고등학교를 졸업하고, 약 4개월 동안 아이코닉스 엔터테인먼트에서 근무했습니다. 현재 병점동의 작은 작업실에서 고양이 네 마리와 함께 살며, 좋은 작가가 되기 위해 고군분투하고 있어요.

최덕규 비정규직 이야기를 통해 '노동'이란 말의 부정적 의미가 조금이나마 바뀌었으면 좋겠다고 첫 모임 자리에서 사람들이 입을 모았지요. 어서 빨리 노동의 신성함을 언급할 수 있는 여유로운 사회가 되었으면 좋겠습니다. 그림책 작가, 만화가로 활동하고 있으며 쓰고 그린 책으로 『아버지 돌아오다』, 『나는 괴물이다』가 있습니다.

최여름 서울당현초등학교 3학년 1반. 엄마와 아빠가 만드는 책이 어렵게 일하는 사람들 이야기래요. 저는 병원에서 일하는 할머니, 학교 다니는 엄마, 방송국 이모 이야기를 그림일기로 그렸어요. 그래서 여름방학이 후딱 지나가 버렸어요. 비정규직 미워요!

편집하고, 디자인하고, 제작하고, 홍보하는 출판사 사람들

강맑실, 권소연, 김선영, 김직수, 김태희, 김태형, 박흥기, 이민정, 이병규, 이현지, 이혜재, 정미은, 조민희

필름 뽑고, 인쇄하고, 제본하는 제작소 사람들

김은호, 서영배, 정도영, 정우재, 최용환

도움 주신 분들

김순자(울산과학대 비정규직 청소 노동자), 김신애(방송 작가), 김진숙(민주노총 지도위원), 양한웅(전국불안정노동철폐연대 대표), 이미연(홈플러스 테스코 노동조합원), 이봉주(화물연대 서울경기 지부장)

그 밖에, 이름을 밝히지 않았지만 이 책이 만들어지는 데 많은 도움을 주시고 응원해 주신 모든 분께 깊은 감사와 존경의 마음을 전합니다.

비정규 씨, 출근하세요?

2012년 10월 12일 1판 1쇄
2023년 1월 20일 1판 9쇄

쓰고 그린이 강정연, 김아인, 김윤정, 김해등, 김해원, 김혜진, 박서영, 박종채, 박효미, 심승희, 양지숙, 양지안, 이잠, 이퐁, 장인영, 조승연, 최담, 최덕규, 최여름

편집 김태희, 김태형, 이혜재 | 디자인 권소연 | 제작 박흥기
마케팅 이병규, 이민정, 최다은 | 홍보 조민희, 강효원
출력 한국커뮤니케이션 | 인쇄 코리아피앤피 | 제책 J&D바인텍

펴낸이 강맑실 | 펴낸곳 (주)사계절출판사 | 등록 제406-2003-034호
주소 (우)10881 경기도 파주시 회동길 252
전화 031)955-8588, 8558 | 전송 마케팅부 031)955-8595, 편집부 031)955-8596
홈페이지 www.sakyejul.net | 전자우편 literature@sakyejul.com | 블로그 blog.naver.com/skjmai
페이스북 facebook.com/sakyejulkid | 인스타그램 instagram.com/sakyejulkid

값은 뒤표지에 적혀 있습니다. 잘못 만든 책은 구입하신 서점에서 바꾸어 드립니다.
사계절출판사는 성장의 의미를 생각합니다. 사계절출판사는 독자 여러분의 의견에 늘 귀 기울이고 있습니다.
이 책은 저작권법에 따라 보호받는 저작물이므로 무단전재와 복제를 금합니다.

ISBN 978-89-5828-639-4 73810

이 책은 '더 나은 세상을 꿈꾸는 어린이책 작가 모임'에서 기획해 여러 작가들의 자발적 참여로 만들었습니다.
이 책의 인세는 전액 '비정규직없는세상만들기 네트워크'에 기부합니다.